CARTONNAGE
E CARTE DECORATE

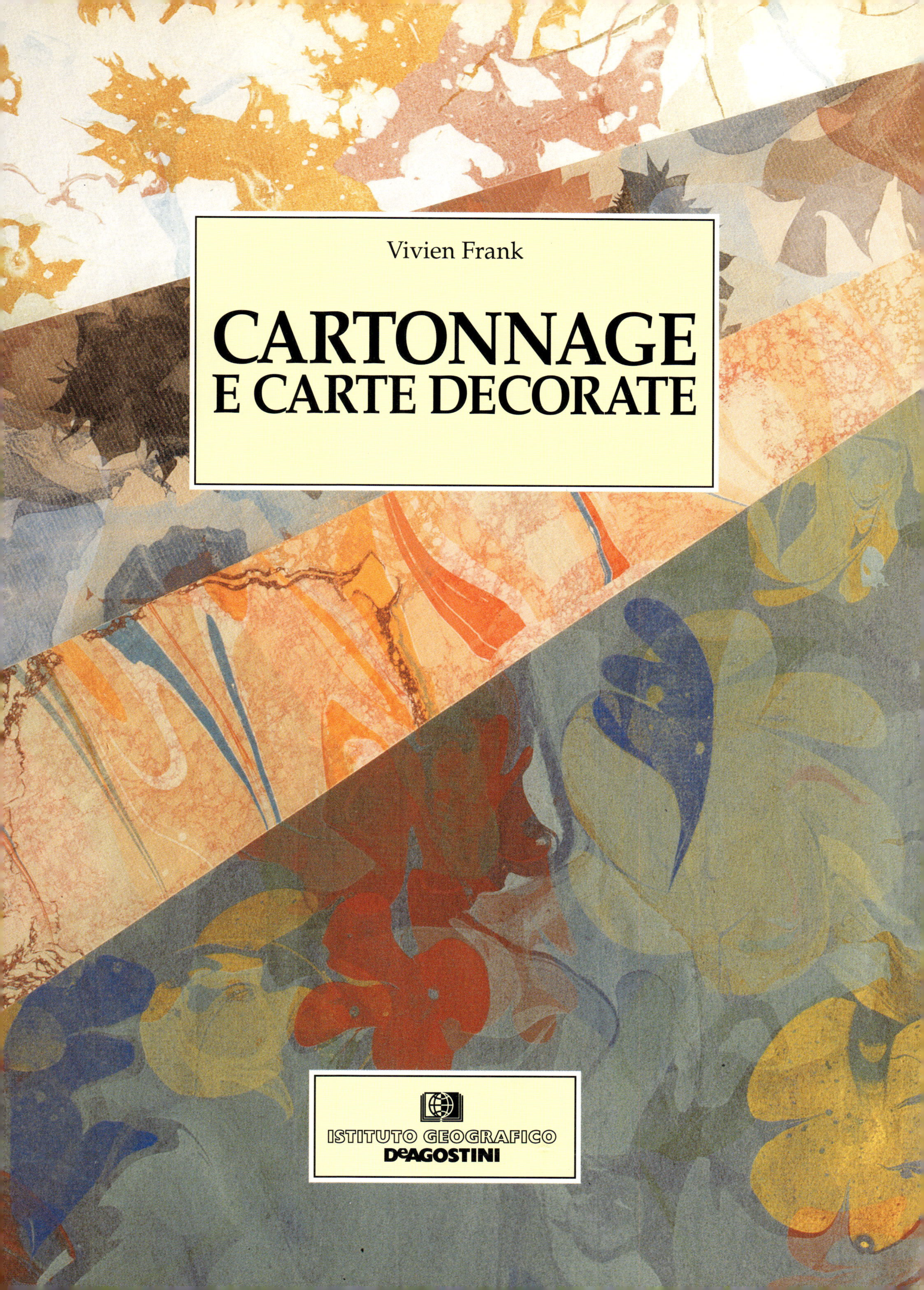

Vivien Frank

CARTONNAGE E CARTE DECORATE

ISTITUTO GEOGRAFICO
DeAGOSTINI

Coordinamento editoriale:
Valeria Camaschella

Titolo originale:
DECORATIVE PAPER CRAFTS

Fotografie:
Zul Mukhida

L'Editore ringrazia:
Sarah Amatt, Lisa von Clemm, Compton Marbling,
Dalma Flanders, Frances Greenburgh, Dennis Hall della John Perry,
Martin Lawrence, Paul Jackson e Florence Tenko.

Traduzione dall'inglese:
Roberta Locatelli

Realizzazione editoriale:
Studio 3, Milano

Registrazione presso il Tribunale di Novara
Sped. in a.p. - 45% - art. 2 comma 20/b - Legge 662/96
Filiale di Novara
Anno I, n.2, Dicembre 1999

Catalogo 85303
ISBN 88-415-7563-8

Stampato a Singapore - 1999

SOMMARIO

INTRODUZIONE

PRINCIPALE OBIETTIVO di questo volume è illustrare la grande versatilità della carta e le numerose tecniche decorative messe a punto utilizzando questo materiale. Abituati come siamo a servircene nella vita di tutti i giorni, tendiamo a darne per scontata l'esistenza, senza soffermarci a considerare come venga fabbricata, quali ne siano i componenti e quanti i possibili campi di applicazione.

La carta, il cui componente primario è la cellulosa, è il prodotto della lavorazione di minuscole fibre vegetali che si ottengono a partire da diversi materiali: legno, paglia, cenci di cotone, lino e canapa, cascami di semi di cotone, per citarne solo alcuni esempi.

Peculiarità della carta è il fatto di essere igroscopica, cioè di assorbire l'umidità, che ne modifica peso e dimensioni: assorbendo acqua, infatti, le fibre si gonfiano e si allungano.

Al giorno d'oggi la maggior parte delle carte è prodotta industrialmente da cellulosa di alberi d'alto fusto, secondo un procedimento che comprende essenzialmente quattro fasi: spappolatura, che ha lo scopo di suddividere, sospendendole in soluzione acquosa, le varie sostanze fibrose; raffinazione, eseguita con macchine che comprimono e tagliano le fibre, sempre immerse in acqua; preparazione dell'impasto, fase durante la quale le fibre, a cui si aggiungono collanti, coloranti e le cosiddette cariche (per migliorarne l'aspetto), vengono impastate secondo le dosi corrispondenti al tipo di carta da produrre; formazione del foglio, in cui l'impasto viene trasportato su nastro lungo una serie di presse e di essiccatori, fino all'avvolgimento in grandi bobine. La carta fabbricata a mano, invece, ricavata da cellulosa per lo più di cotone, viene lavorata in uno "stampo", fatta sgocciolare attraverso un feltro e lasciata asciugare in fogli impilati. Per questa ragione non è individuabile un orientamento della vena, poiché le fibre si amalgamano in modo uniforme all'interno dello stampo; al contrario, nelle carte prodotte industrialmente queste si dispongono secondo la direzione di scorrimento del nastro trasportatore.

Con qualche nozione di base e un po' di esperienza imparerete presto a riconoscere i vari tipi di carta: per esempio, al tatto un foglio realizzato a mano è sensibilmente diverso da uno fabbricato a macchina, la cui superficie perfettamente liscia è il risultato della pressatura a caldo.

La carta è un materiale destinato agli usi più vari: dalle banconote ai sacchetti in cui si confezionano i cibi, dai giornali ai fazzoletti. Ma è un complemento altrettanto prezioso di molte arti decorative: basti pensare a una tappezzeria, a un rivestimento di cartapesta, a una serie di accessori per scrivania... E al termine di questa breve introduzione ne avrete la conferma osservando le opere di alcuni artisti contemporanei.

L'antenato più importante della carta è il papiro, la pianta semi-acquatica dallo stelo lunghissimo che tutti conosciamo, in seguito affiancato dalla pergamena, o cartapecora, che si ricavava da pelli di animali. L'invenzione di una carta ottenuta mediante l'impasto di materiali fibrosi, attribuita ai cinesi, risale circa a duemila anni or sono e le prime testimonianze di carte marmorizzate addirittura al XII secolo. Per eludere imitatori e falsari, i documenti più importanti venivano scritti su carta riccamente decorata e i margini dei libri marmorizzati, così da poter individuare immediatamente eventuali "salti" di pagina. E non è da escludere che le versioni più raffinate fossero originariamente destinate alla rilegatura di libri, come testimoniano i risguardi e le copertine di molti volumi antichi.

Un ulteriore impiego della carta a scopo decorativo deriva dalla consuetudine di realizzare prima su fogli i disegni di tessuti che venivano poi stampati o ricamati.

A partire da pagina 16, troverete una serie di informazioni relative alle principali tecniche di decorazione e lavorazione della carta, oltre a una breve rassegna di materiali e attrezzi: ci è sembrato l'approccio più utile e stimolante per chi intenda accostarsi a questa forma d'arte.

Quanto ai progetti illustrati, l'obiettivo è quello di invogliarvi a realizzare la vostra creazione "dalla A alla Z", quindi anche decorando la carta: naturalmente non è obbligatorio, per cui i più titubanti potranno comunque ripiegare sulle numerose versioni già pronte disponibili in commercio. Riteniamo, però, che l'aspetto più gratificante consista nel costruire la propria opera conferendole fin dall'inizio un tocco assolutamente personale. Tra l'altro, decorando la carta potrete produrre deliziosi pezzi "d'autore" con un investimento tutto sommato irrisorio: la maggior parte dei materiali e degli strumenti necessari è facilmente reperibile e i lavori che richiedono una dotazione più consistente sono davvero pochi. I vari progetti vengono proposti in ordine di difficoltà crescente: inizieremo con la stampa di fogli per carta da lettere per poi misurarci con idee più ambiziose, fino a creare addirittura un album portafoto. Anche se per ogni lavoro è stata utilizzata una specifica carta decorata, le diverse proposte si possono considerare intercambiabili.

Ed ecco solo alcuni esempi dell'ampia gamma di finiture decorative che si possono produrre. Dall'alto in basso: marmorizzazione (con bagno colloso), carte incollate, stampa con cliché di linoleum, carte piegate e colorate. Anche lo sfondo di queste pagine è stato marmorizzato, usando però il metodo più semplice, cioè senza ricorrere al bagno colloso.

GALLERIA

SCOPO DI QUESTE PAGINE è stimolare l'immaginazione e la creatività, offrendo un ventaglio di esempi che testimoniano l'estrema versatilità della carta e l'ampia gamma di effetti decorativi che si possono ottenere. È una panoramica di disegni e motivi cui attingere a piene mani per realizzare gli oggetti più vari conferendo a ognuno un tocco personale.

Nella pagina a fronte,
quattro esempi di carte marmorizzate:
dall'alto, decorazione
con motivo pettinato diritto,
a coda di pavone, a treccia,
con effetto marmo naturale.

In questa pagina, sei esempi di carte da parati stampate con cliché di legno e prodotte nella celebre fabbrica inglese John Perry secondo i metodi tradizionali di stampa.

A sinistra, in alto "Giglio gotico", una delle tante carte da parati disegnate dall'architetto Augustus Pugin: fra i massimi esponenti del movimento neogotico britannico del XIX secolo, lavorò alla ristrutturazione del Palazzo di Westminster fra il 1840 e il 1850. Questo particolare disegno, realizzato per la Camera dei Comuni (ma i colori riprodotti non sono quelli originali), è ancora oggi molto diffuso in Gran Bretagna, dove viene utilizzato per grandi dimore in stile gotico.

A sinistra, al centro "Fragole", create da Pugin per la Camera dei Lord, il cui emblema araldico è appunto la fragola. Anche in questo caso i colori non sono quelli originali.

A sinistra, in basso "Arabesco Crace", un altro disegno di Pugin: deve il suo nome al personaggio che incise i cliché e stampò le carte da parati utilizzate negli appartamenti del Palazzo di Westminster. I colori, in questo caso originali, sono quelli tradizionali.

A destra, in alto Carta disegnata alla fine del XIX secolo da Owen Jones, designer vittoriano responsabile del progetto della Grande Esposizione londinese del 1851. Si tratta di un disegno a motivi piccoli ed equilibrati, molto apprezzato anche oggi. Può essere stampato in vari colori.

A destra, al centro Un motivo di chiara ispirazione persiana, che risale probabilmente alla metà del XIX secolo. Il cliché è stato reperito nella collezione John Perry.

A destra, in basso Un altro disegno creato da Pugin nel 1840-1850, durante la ristrutturazione del Palazzo di Westminster, questa volta per la sala da tè della Camera dei Comuni. Si tratta di una fantasia di corone, cateratte di castelli e rose Tudor.

Gli straordinari fogli di carta riprodotti qui sopra vengono dal Kenya e sono stati realizzati con fiori locali pressati. La carta è costituita da pasta vegetale e i fiori, accuratamente disposti a bouquet, sono fissati alla base con un sottile strato della stessa pasta. Nella maggior parte dei processi di produzione di carta con fiori secchi, la disposizione è più casuale e i fiori sono inseriti in profondità nella pasta.

Questo cestino intrecciato è costituito da strisce di carta acquerellata. L'artista ha applicato pennellate in diagonale con gesti liberi e sciolti su un foglio inumidito con acqua, che poi ha tagliato in lunghe strisce, intrecciandole in modo da formare la scatola. Il "ricamo" sul coperchio è stato realizzato con filo di seta.

Una serie di carte dalle tinte vivaci, marmorizzate con il carrageen, un'alga marina che cresce soprattutto sul litorale irlandese; i diversi bagni di colore conferiscono ai motivi profondità e grande vigore.

Al tempo stesso moderne e tradizionali queste eleganti copertine di libri. L'artista ha usato carta marmorizzata, rivestendo i risguardi con fogli interi incollati direttamente sul cartone, e applicandone alcuni ritagli all'esterno, sul cuoio della rilegatura originale.

Le carte giapponesi, di riso o di seta, si distinguono per la grande raffinatezza. Questo è un collage di fogli semitrasparenti, sovrapposti strato dopo strato e colorati a mano con acquerelli e colori per seta.

Questo mosaico dai colori brillanti è stato prodotto con ritagli di carte colorate, lucide, opache e tramate, disposti geometricamente su un foglio millimetrato, e quindi incollati con adesivo spray. L'autore è ricorso a carta colorata sia per ottenere contorni netti, impossibili da realizzare dipingendo a mano, sia per costruire aree cromatiche "piatte" e uniformi.

Questo vaso è stato realizzato con carta pesante piegata secondo la tecnica origami e appositamente decorata a stencil: le sottili striature di diversa tonalità, applicate con l'aerografo, suggeriscono i gambi dei fiori che si intravedono in un vaso di vetro.

Un candeliere di marmo verde impreziosito dal paralume in carta marmorizzata, realizzato con decori e colori in tinta. Acquistate o preparate personalmente, le carte marmorizzate sono quelle che offrono la maggiore varietà di disegni e sfumature tonali.

Due parure di gioielli di carta, costituite da orecchini, spilla e collana. Benché destinata a vita breve, la bigiotteria di carta è estremamente decorativa e con un po' di fantasia si può realizzare un ampio assortimento di accessori: un hobby poco impegnativo e molto divertente.

Un originale completo per scrivania, realizzato con cartoncino e carte colorate. Naturalmente, potrete introdurre tutte le varianti possibili in termini di forme e colori, in modo da adattare questi coordinati allo stile del vostro studio.

TECNICHE DECORATIVE

VEDIAMO, in ordine di difficoltà crescente, sei diversi metodi per decorare la carta; indipendentemente dalla tecnica adottata, in breve sarete in grado di realizzare ognuno dei progetti proposti nella parte finale del volume. Dovrete solo adeguare la decorazione all'impiego previsto e scegliere i colori da applicare in funzione della tinta di base della carta: per controllare l'effetto finale, fate prima qualche prova su un ritaglio.

CARTE INCOLLATE

Di grande effetto, è uno dei metodi più semplici. I motivi si realizzano applicando un impasto colloso colorato su un cliché, e quindi stampando la carta, oppure stendendo l'impasto sul foglio per poi "incidere" il disegno.

OCCORRENTE

- colla per carta da parati o colla di farina di granturco
- pitture ad acqua
- carta di almeno 100 g/mq
- bacinelle per miscelare l'impasto
- pennelli
- fogli di scorta o vecchie riviste
- attrezzi per "incidere" il motivo (forchetta, raschietto, cartoncino)
- spugne naturali e sintetiche
- cliché, tappi di sughero, spago

QUALCHE CONSIGLIO

Semplice da miscelare, la colla per carta da parati è la più adatta, ma produce una finitura a grana grossa; per ottenere una superficie liscia e uniforme, vi conviene ricorrere alla colla di farina.

1

Miscelate la colla in base alle istruzioni riportate sulla confezione, ma utilizzando una quantità di acqua leggermente inferiore rispetto a quella consigliata: potrete sempre diluirla in seguito.

2

Aggiungete il colore e mescolate fino a produrre un impasto omogeneo. Per controllare la tonalità, fate una prova su un ritaglio, tenendo però presente che una volta asciutta risulterà più chiara.

Collocate la carta da decorare su un foglio di scorta di dimensioni adeguate e, servendovi di un pennello largo, stendete uno strato uniforme di impasto colorato.

Tracciate il disegno incidendo la colla con il pettine (procedete rapidamente perché asciuga in fretta). Se il motivo non vi convince, stendete un altro strato di impasto e ricominciate.

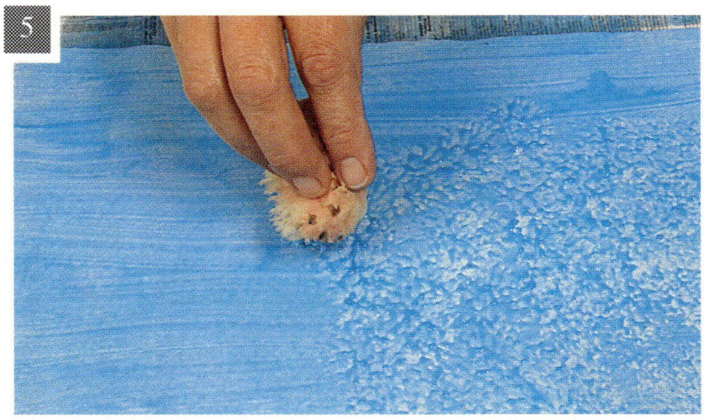

In alternativa, tamponate l'impasto con una spugna, coprite il tutto con un foglio di carta più leggera prima che asciughi e strofinate. Quindi rimuovete il foglio.

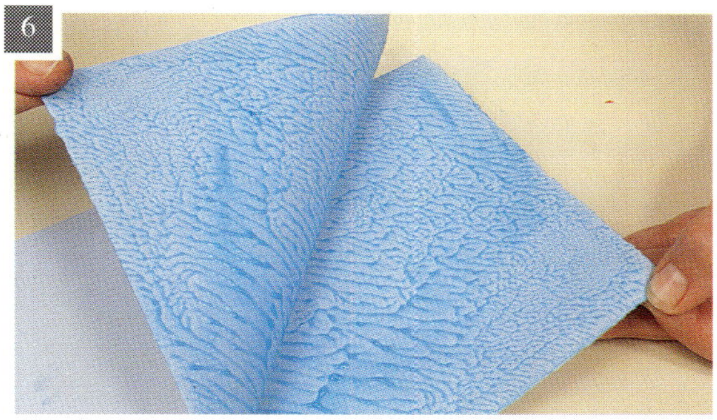

Ed ecco un'altra variante: stendete l'impasto su due fogli, premete l'uno contro l'altro e poi separateli. Otterrete due carte leggermente striate, e quasi identiche, da usare per rivestire un libro.

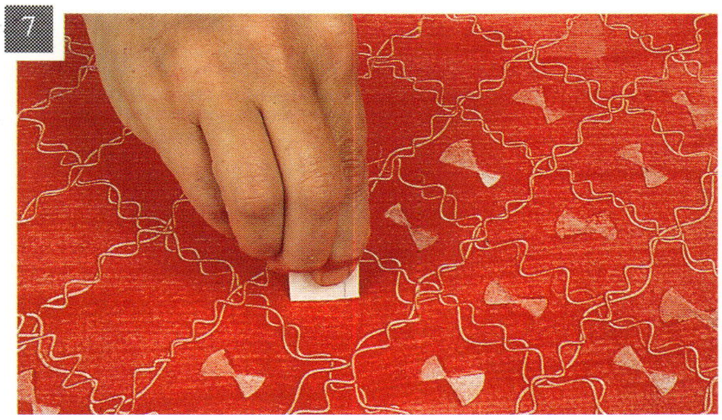

Un altro metodo ancora consiste nello stendere la colla, suddividere il foglio in quadrati regolari e stampare o disegnare all'interno di ognuno di essi il motivo scelto. In questo caso vi consigliamo di usare la colla di farina di granturco.

❋ Il tempo di essiccamento varia in funzione della densità della colla. Se in questa fase la carta dovesse incresparsi, lasciate asciugare completamente e poi stirate il retro, oppure mantenetela sotto pressione con la classica pila di libri.

❋ La colla di farina si prepara così: in una casseruola diluite 25 g di farina con 50 ml di acqua fredda e poi aggiungete, poco per volta e mescolando continuamente, 150 ml di acqua bollente. Sempre miscelando, fate bollire per uno o due minuti finché la colla si addensa. Se raffreddando risultasse troppo densa, aggiungete ulteriore acqua; qualora si formassero grumi, passatela al setaccio.

CARTE STAMPATE CON CLICHÉ

Analogamente alla tecnica precedente, anche in questo caso si possono realizzare sia decorazioni molto elementari, sia più elaborate. Potete creare motivi simmetrici, ma anche composizioni astratte, magari costruendo un cliché che riproduca un elemento decorativo del vostro arredamento, così da stampare una carta coordinata: ricordate, però, che il disegno risulterà speculare rispetto all'originale, a meno che non ne teniate conto già nella realizzazione dello stampino. Per "prendere la mano", dipingete una comune carta di giornale con normalissima idropittura e utilizzatela come base su cui fare qualche prova.

Le carte stampate con cliché si possono realizzare seguendo due diversi metodi: il più semplice consiste nell'applicare il colore sullo stampino premendolo poi sul foglio; nel secondo caso, più complesso, si produce l'impronta del cliché su uno strato di pittura, stesa su una superficie liscia con l'aiuto di un rullo, e quindi si sovrappone la carta in modo da trasferire il motivo. Questa viene poi sollevata delicatamente e lasciata asciugare.

OCCORRENTE

- pittura, o inchiostro, a olio o ad acqua
- carta di almeno 100 g/mq
- taglierino
- una patata
- gomma per cancellare
- cliché di legno
- tampone per inchiostro
- linoleum
- attrezzi per intagliare il linoleum
- un pezzo di legno o di formica
- rullo
- pezze e acquaragia

QUALCHE CONSIGLIO

Le pitture ad acqua sono perfette per qualunque materiale a eccezione del linoleum, per il quale sono più indicate quelle a olio. Il metodo più semplice per produrre chiazze di colore consiste nell'immergere nella pittura un pezzetto di gommapiuma, stampando poi la carta. A seconda della destinazione finale, potete lavorare su un fondo bianco o colorato, magari dipingendolo voi stessi.

1

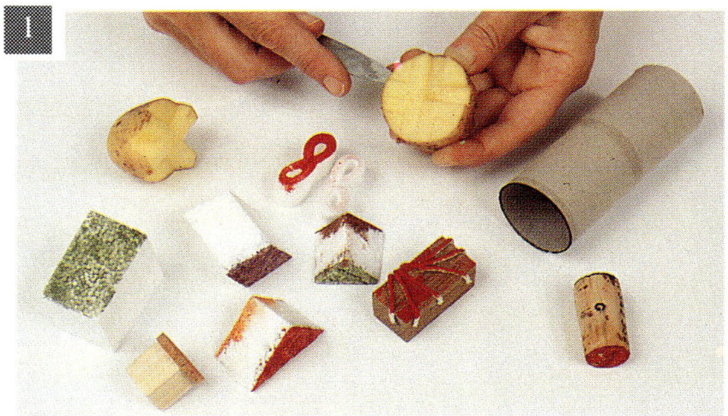

I cliché più immediati sono quelli realizzati incidendo una patata, l'ideale per produrre decori geometrici. Ma anche altri oggetti di uso corrente, come un tappo di sughero, andranno benissimo.

2

Quando usate le patate, vi consigliamo di ricavare alla sommità dello stampino un rudimentale manico per poterlo impugnare più facilmente.

3

Se intendete realizzare motivi a due colori, vi conviene preparare due diversi cliché: lavorando con un solo stampino, infatti, sarebbe praticamente inevitabile sporcare le tinte.

4

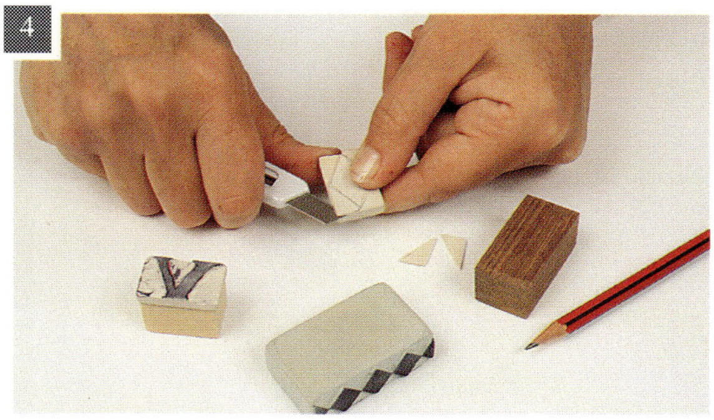

Dovendo realizzare cliché particolarmente elaborati, la soluzione migliore è incidere con il taglierino una gomma per cancellare, che è indubbiamente più resistente della patata.

5

Incollate la gomma per cancellare a un blocchetto di legno: disporrete di stampini indubbiamente più maneggevoli.

6

Molto più "professionale" il cliché ricavato da un blocco di linoleum, che consente di decorare ampie aree. Per realizzare gli stampini, dovrete però utilizzare attrezzi specifici (ricalcate il disegno con carta carbone prima di intagliare il linoleum).

7

Per inchiostrare i cliché di linoleum è bene usare un rullo: stendete il colore su una superficie liscia, facendovi poi scorrere il rullo in modo che assorba uno strato di pittura uniforme.

8

Esercitando una pressione costante, dipingete lo stampino con il rullo, poi premetelo con decisione sulla carta e quindi rimuovetelo con un colpo secco per evitare di produrre sbavature. Intagliando lo stesso decoro in positivo e in negativo, potrete realizzare un'ampia gamma di motivi usando alternativamente i due cliché.

CARTE DECORATE CON STENCIL

La decorazione con stencil, tecnica tradizionale che risale agli inizi del XIX secolo e nella quale i giapponesi sono particolarmente esperti, consiste nell'applicare pitture o inchiostri attraverso particolari mascherine (stencil) che si possono ritagliare da qualunque materiale resistente, e sono pertanto conservabili e riutilizzabili. La scelta del tipo più adatto dipende essenzialmente dalla destinazione finale della carta decorata: benché in commercio siano disponibili mascherine già pronte di varie misure, è molto più divertente realizzarle personalmente ritagliando un foglio di carta di grammatura adeguata, l'apposito cartoncino oppure una pellicola di acetato o di poliestere (mylar). Carta e cartoncino sono ovviamente più fragili, per cui vi conviene trattarne la superficie con una vernice protettiva: lo stencil durerà più a lungo e riuscirete a pulirlo facilmente.

OCCORRENTE

- carta di almeno 70 g/mq
- materiale per stencil (cartoncino per stencil, pellicola di acetato o mylar)
- taglierino o bisturi
- pennarelli o pittura ad acqua
- spugne
- spatola
- pennello per stencil
- aerografo

Tracciate prima il disegno su un foglio, quindi trasferitelo sul materiale per stencil e ritagliate la mascherina. Iniziate con forme semplici, in modo da acquisire dimestichezza con questa tecnica.

Una volta fissata la mascherina sulla carta da decorare, si tratta di applicare il colore. Potete ricorrere a pennarelli, spugne, pennelli per stencil, diffusori spray oppure a un aerografo. Ogni metodo produce una finitura specifica, per cui vi conviene fare qualche prova per individuare il più adatto. In genere, i pennarelli si prestano soprattutto a delineare i contorni.

1

PENNELLI PER STENCIL

Lo strumento più pratico per applicare il colore è senza dubbio il pennello per stencil: ha una punta tronca e fittissime setole rigide che non trattengono eccessive quantità di colore. Intingete la sola punta, "scaricatela" tamponando su un pezzo di carta assorbente e, tenendolo perpendicolare rispetto al piano di lavoro, applicate la pittura picchiettando. Sollevate con cautela la mascherina per evitare sbavature e, prima di riposizionarla, eliminate eventuali tracce di colore sul retro.

Posizionate alternativamente gli stencil con il lato diritto o il rovescio rivolto verso di voi: produrrete un'ampia gamma di motivi. Lavorando su carta colorata gli effetti sono ancora più avvincenti.

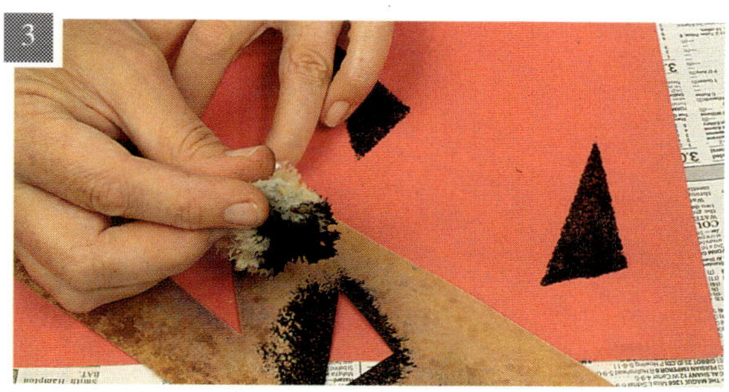

SPUGNATURA

In alternativa, potete applicare il colore con una spugna: in questo caso, però, dovrete proteggere la superficie di mascherina attorno alla finestra con un foglio di scorta per evitare di macchiarla. Predisponete vari pezzi di spugna e diluite le tinte solo quel tanto che basta per amalgamarle, in modo da lavorare il più possibile "a secco".

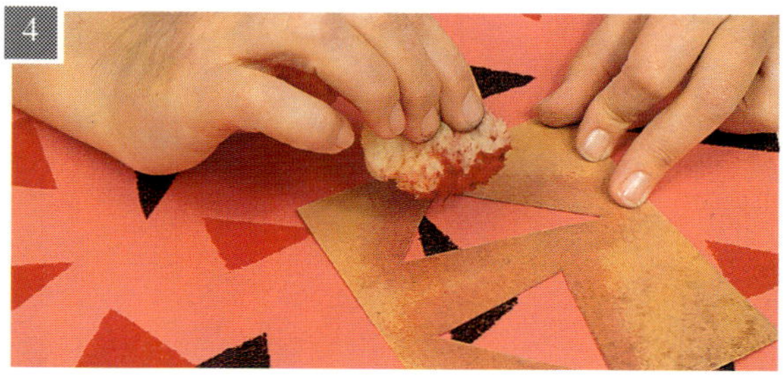

Per introdurre un secondo colore, riposizionate lo stesso stencil dopo aver lasciato asciugare completamente e rimuovendo eventuali tracce di pittura presenti sulla mascherina.

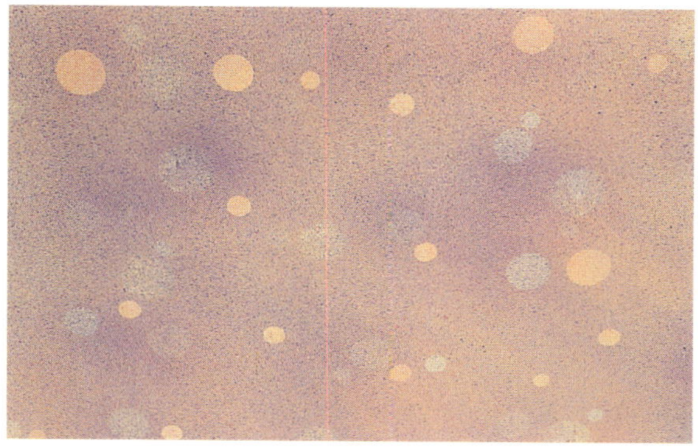

PITTURE SPRAY

Ed ecco un metodo per colorare rapidamente fogli di grandi dimensioni: posizionatevi sopra strisce o pezzetti di carta che fungano da mascherine e quindi spruzzate pittura molto diluita con un diffusore spray o con l'aerografo.
In alternativa, usate uno spazzolino rigido come quello per le unghie: intingete le setole nel colore e trascinate su di esse un cartoncino rigido in modo da produrre una serie di schizzi. Lasciate asciugare, modificate la posizione delle mascherine e spruzzate una seconda tinta.

ALLINEAMENTO

Nel realizzare decori ripetuti, come nel caso di una bordura, è fondamentale produrre motivi perfettamente diritti e allineati. A questo scopo, conviene tracciare a matita una linea che serva come guida per riposizionare correttamente la mascherina. Usando stencil trasparenti in pellicola di acetato è tutto più semplice, perché basta indicare alcuni segni di registro e farli combaciare.

CARTE PIEGATE E COLORATE

Questo metodo di origine giapponese, che consente di produrre decori di particolare suggestione, utilizza un tipo di carta molto sottile e assorbente che, una volta colorata, viene montata su un secondo foglio (in base alle tecniche descritte a pagina 34) prima di procedere alla realizzazione del progetto. L'unico limite di questo metodo è rappresentato dal fatto che occorre un piano di lavoro piuttosto ampio, da proteggere con carta di giornale per evitare di macchiarlo.

OCCORRENTE

- carta "pelure", assorbente e resistente all'acqua: ne sono esempi la carta speciale per pulire le lenti e alcune carte giapponesi
- colori per seta o per alimenti oppure inchiostro
- guanti di gomma chirurgici
- spatola
- carta assorbente da cucina
- rullo
- carta di giornale
- ferro da stiro

Le linee con i tratteggi continuo e puntinato indicano dove piegare alternativamente la carta per ottenere la pieghettatura a fisarmonica.

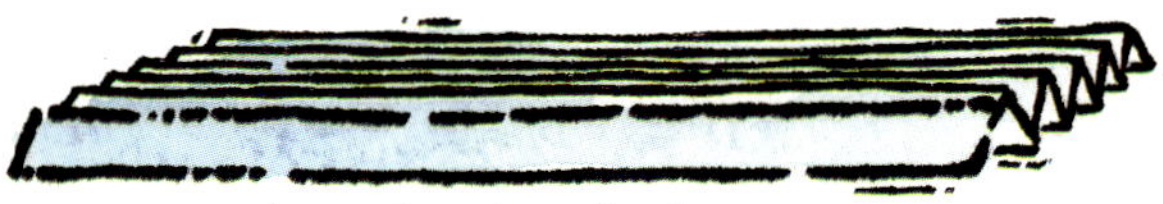

Ed ecco il risultato finale della pieghettatura a fisarmonica.

Questi quattro schemi illustrano altrettante varianti di pieghettatura a fisarmonica.

1

Una volta piegata a fisarmonica, in base agli schemi qui sopra, e ridotta a un piccolo quadrato, la carta è pronta per essere colorata. Indossate i guanti e, tenendola saldamente, intingete gli angoli nelle varie tinte miscelate in bacinelle piccole e piuttosto larghe. Queste si spanderanno in funzione del potere assorbente della carta.

2

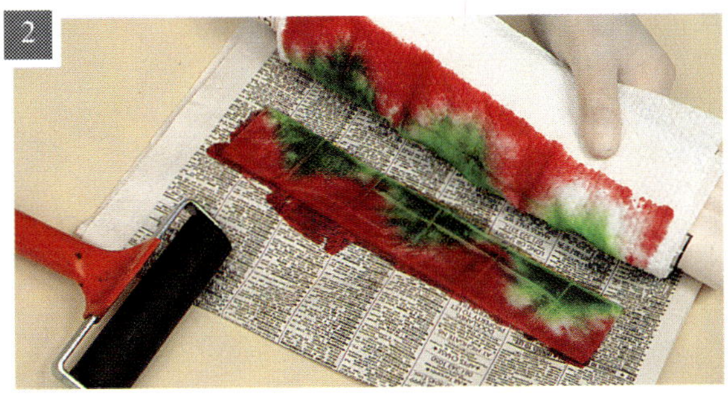

Collocate il quadrato appena colorato su un foglio di giornale e apritelo parzialmente. Quindi tamponate ogni striscia pieghettata con carta assorbente da cucina, esercitando una decisa pressione con la mano o con l'aiuto di un rullo, così da rimuovere il colore in eccesso ed evitare che si spanda ulteriormente.

3

Questa è la fase più impegnativa perché, una volta bagnata, la carta è molto fragile e deve essere maneggiata con cautela: sollevate il foglio pieghettato, apritelo completamente e stendetelo ad asciugare su carta di giornale. Quindi stiratelo con il ferro tiepido: le linee di pieghettatura, comunque evidenti, sono parte integrante del motivo.

QUALCHE CONSIGLIO

Inumidendo il quadrato di carta prima di immergerlo nella pittura, ne aumenterete il potere assorbente e il motivo finale risulterà più evanescente. Invece, per produrre una finitura delicata, vi conviene usare toni in gradazione della stessa tinta.

CARTE LAMINATE

È un metodo molto originale che produce effetti davvero "speciali". L'idea nasce dalle cosiddette carte vegetali, che – se prodotte nel modo tradizionale – vengono realizzate con fiori direttamente miscelati all'impasto. In questo caso si tratta di inserire degli elementi decorativi (fiori secchi, appunto, o frammenti di carte colorate) fra due fogli di diverso spessore.

OCCORRENTE

- carta per la base, da 70 a 140 g/mq
- carta superiore, molto leggera
- fiori pressati o pezzetti di carta
- colla vinilica diluita o termoadesivo in fogli

Una volta stabilite le misure della carta da realizzare, tagliate i due fogli di diverso peso lasciando una leggera abbondanza. Stendete la carta di base e, servendovi di un pennello, applicate la colla vinilica diluita. Quindi lasciate asciugare.

1

Disponete sulla carta appena trattata con la colla i fiori pressati, o i pezzetti di carta, in base alla composizione preferita.

Sovrapponete la carta leggera, copritela con un foglio di scorta e con grande cautela passate il ferro da stiro piuttosto caldo.

2

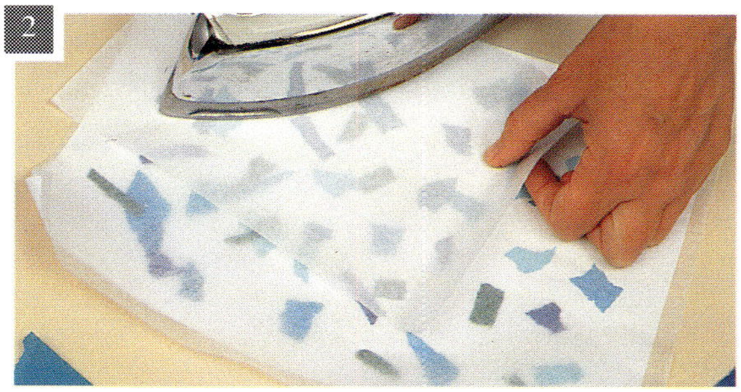

Se invece della colla si utilizza un foglio di termoadesivo, occorre procedere in questo modo: appoggiatelo sulla carta di base, passate il ferro caldo, rimuovete la pellicola di protezione e disponete i fiori o i pezzetti di carta; infine sovrapponete la carta leggera e passate nuovamente il ferro (per evitare che, filtrando, l'adesivo macchi il ferro, conviene stendere sull'intera superficie un foglio di carta oleata o al silicone).

CARTE MARMORIZZATE

Le carte marmorizzate sono forse le più diffuse: usate in origine soprattutto per le rilegature dei libri, negli ultimi tempi hanno trovato applicazione nel decoro di un gran numero di oggetti, da accessori per scrivania a scatole dei formati più vari.

Tecnicamente la marmorizzazione viene eseguita spruzzando il colore su un apposito liquido, in modo che galleggi; quindi si appoggia il foglio da decorare per qualche secondo, finché il disegno formato dal colore si trasferisce sulla facciata. Si ritiene che questo procedimento, messo a punto a partire dal XVI secolo, sia stato ideato nell'Europa dell'est, ma la storia è tuttora circondata da un alone di mistero, come peraltro la stessa tecnica: pare fosse consuetudine insegnare agli apprendisti solo alcune fasi del lavoro, in modo che non potessero divulgare informazioni utili ai produttori rivali.

Esistono tre differenti metodi di lavorazione, che consentono di realizzare decori con diverso livello di difficoltà. Escludendo la marmorizzazione eseguita su bagno di carrageen con colori a tempera o acrilici, piuttosto impegnativa, vediamo brevemente gli altri due metodi: semplici e divertenti, permettono di ottenere risultati molto gradevoli sin dalle prime esperienze. Entrambi si basano sull'impiego di colori a olio.

METODO 1

Noto anche come marmorizzazione su fondo acquoso, è un metodo molto veloce che richiede un'attrezzatura minima. I colori si distribuiscono sulla superficie dell'acqua in modo spontaneo e quasi impossibile da controllare, ma producono effetti sfumati molto piacevoli.

OCCORRENTE

- carta da 90 a 120 g/mq
- una vaschetta piatta reperibile nei negozi di articoli per fotografi
- colori a olio
- acquaragia
- vasetti per diluire i colori
- pennelli
- fogli di giornale
- contagocce
- bastoncini e cannucce

1

Prima di iniziare la decorazione, è buona regola verificare che i colori siano stati diluiti nel modo corretto. Riempite la vaschetta con acqua a temperatura ambiente, scegliete due o tre colori (amplierete la gamma una volta acquisita maggior esperienza) e diluite ognuno di essi con acquaragia fino a produrre miscele omogenee e piuttosto fluide. Da un'altezza di 15-20 cm, lasciate cadere nella vaschetta una goccia di pittura: si deve dilatare formando un disco con un diametro di circa 2,5 cm. Se precipita sul fondo, significa che è troppo pesante e necessita di ulteriore diluizione; se invece si espande eccessivamente vuol dire che è troppo diluito e occorre addensarlo.

2

Verificata la diluizione di ogni colore, ripulite accuratamente la superficie dell'acqua servendovi di strisce di giornale tagliate in base alla misura interna della vaschetta, che dovete far scorrere sul fondo acquoso fino alla completa eliminazione di ogni traccia di pittura.

Ora preparate i fogli di carta da decorare, tagliandoli in modo che risultino leggermente più piccoli della vaschetta: vi consigliamo di predisporne una certa scorta, così da non essere costretti a interrompervi una volta iniziata la marmorizzazione.

3

Lasciate cadere sulla superficie dell'acqua qualche goccia del primo colore usando un pennello o, meglio ancora, un contagocce e attendete che si dilati prima di applicare il successivo.

4

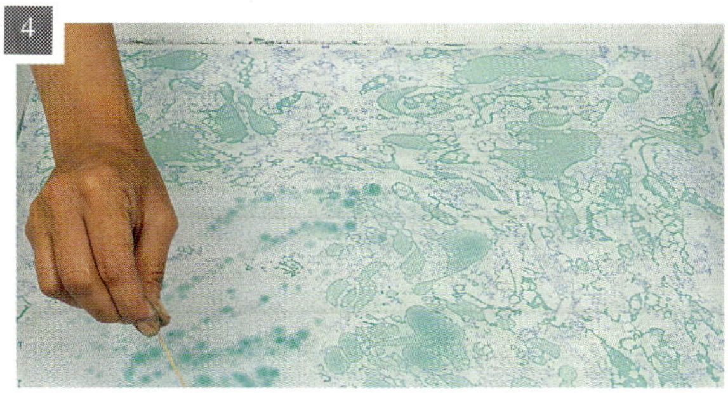

"Spingendosi" l'uno contro l'altro, i colori formano un disegno. Se preferite, accentuate questo effetto di movimento con l'aiuto di un bastoncino o soffiando con una cannuccia.

5

Reggendo il primo foglio da decorare per due angoli opposti in diagonale, appoggiatelo lentamente sulla superficie dell'acqua: operate con grande cautela per evitare che si formino bolle d'aria, che produrrebbero antiestetiche macchie bianche. Ripulite la superficie dell'acqua con le strisce di giornale e realizzate un nuovo disegno.

6

Sono sufficienti pochi secondi per trasferire i colori. Tenendo il foglio per due angoli adiacenti, preferibilmente sul lato maggiore, sollevatelo facendolo scorrere lungo il bordo della vaschetta per eliminare l'eccesso d'acqua. Quindi stendetelo ad asciugare su alcuni fogli di giornale.

7

Anche un disegno monocromatico su carta colorata può essere di grande effetto.

8

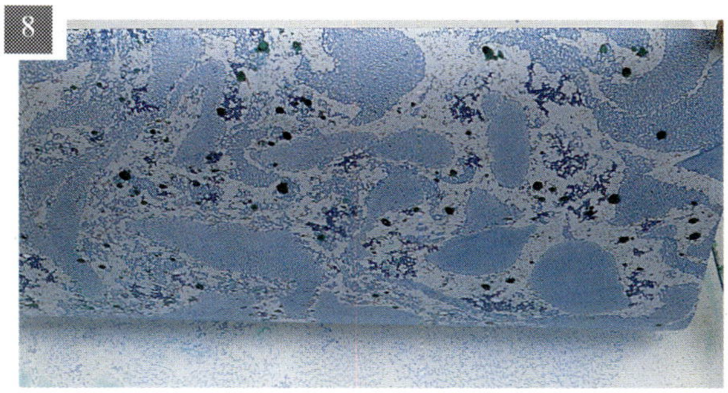

Ed ecco gli straordinari motivi che si possono produrre usando due o più tinte su carta sia bianca sia colorata.

METODO 2

Detto anche marmorizzazione con bagno colloso, è un metodo leggermente più complesso, che tuttavia permette di esercitare un miglior controllo del disegno. In questo caso occorre una dotazione leggermente più ricca rispetto alla tecnica precedente: i colori a olio vengono fatti galleggiare su un bagno colloso, e quindi più denso, che ne frena il movimento consentendovi di distribuire le tinte in modo meno "casuale". Inoltre alla pittura viene aggiunto fiele di bue, che ne ostacola la tendenza a depositarsi sul fondo.
Proteggete il piano di lavoro e procedete con metodo: preparate il bagno colloso, diluite i colori con acquaragia, tagliate le strisce di giornale e predisponete i fogli da marmorizzare.

OCCORRENTE

- carta da 90 a 120 g/mq
- una vaschetta piatta reperibile nei negozi di articoli per fotografi
- colla in polvere per carta da parati
- bacinella per miscelare la colla
- colino
- colori a olio
- acquaragia
- fiele di bue
- vasetti per i colori
- pennelli
- fogli di giornale
- contagocce
- bastoncini e pettini

PER IL PETTINE

- cartoncino pesante
- nastro biadesivo
- spilli
- righello
- matita

1

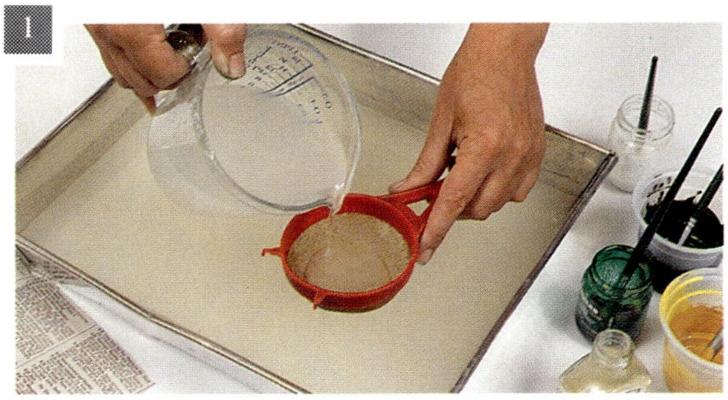

1 Preparate innanzitutto il bagno colloso: versate un cucchiaio di colla per carta da parati in 1 litro di acqua tiepida e mescolate fino a ottenere una soluzione omogenea, che verserete nella vaschetta, se necessario filtrandola con il colino. Attenzione a non esagerare con l'acqua: è più facile diluire una soluzione troppo consistente che addensarne una molto liquida.

2

Ora diluite i colori e aggiungete il fiele di bue; questa è la fase più delicata, perché ogni tinta può reagire in modo diverso al fiele (oltretutto, la pittura risente delle condizioni di umidità e della temperatura, ambientale e del bagno colloso).

3

Aggiungete il fiele di bue con il contagocce. Iniziate con 8 gocce ogni tre cucchiaini di colore, miscelate con cura e verificate la diluizione: se è quella giusta, la tinta si dilaterà sulla superficie del bagno colloso formando un disco omogeneo con un diametro di circa 2,5 cm. Se non si dilata e si deposita sul fondo significa che è troppo pesante, per cui dovrete diluirla ulteriormente e miscelarla con altro fiele di bue; se invece si dilata più del dovuto vuol dire che la quantità di fiele è eccessiva e occorre aggiungere nuovo colore a olio. Ricordate comunque che il bagno colloso deve essere a temperatura ambiente. Verificata la diluizione, ripulite la superficie con strisce di giornale tagliate in base alla misura interna della vaschetta.

4

E ora passiamo alla decorazione. Caricate il pennello di colore e schizzate alcune gocce sul bagno colloso battendo il manico contro il bordo della vaschetta. Volendo, potete ripetere l'operazione con una seconda e una terza tinta. Muovete con cautela i colori sulla superficie del bagno, con l'aiuto di un bastoncino o un ferro da calza, fino a produrre il disegno desiderato. Quando sarete soddisfatti del risultato, trasferitelo sulla carta.

5

Prendete il primo foglio da decorare e, tenendolo per due angoli opposti in diagonale, appoggiatelo sulla superficie del bagno colloso. Accompagnatelo con un movimento lento e uniforme, per evitare che si formino bolle d'aria, che produrrebbero antiestetiche macchie bianche sul disegno finale.

Dopo qualche secondo di posa, sollevate il foglio afferrandolo per due angoli adiacenti, possibilmente sul lato maggiore, e facendolo scorrere sul bordo della vaschetta per eliminare il liquido in eccesso. Quindi stendetelo ad asciugare su carta di giornale. Anche in questo caso, prima di realizzare il disegno successivo, ripulite la superficie del bagno con strisce di giornale.

6

Come già considerato, questo metodo consente un più efficace controllo del disegno, ma impone qualche modifica in termini di diluizione dei colori. Infatti, nel preparare il secondo dovrete aggiungere una quantità maggiore di fiele perché, a causa della tinta già presente sul bagno colloso (che oppone resistenza), avrà bisogno di maggior forza per potersi dilatare. Pertanto, dovrete pianificare con cura l'applicazione delle tinte e verificare il grado di dilatazione di ciascuna di esse.

PETTINE PER MARMORIZZAZIONE

Si usa per creare un tipo di decorazione detta appunto "pettinata". Se preferite, anziché acquistarlo potete realizzarlo artigianalmente: tagliate due

strisce di cartoncino leggermente più corte della vaschetta e alte 5 cm. Segnate a matita delle tacche a intervalli regolari e quindi applicate una striscia di nastro biadesivo lungo un lato del cartoncino. In corrispondenza delle tacche, fissate sul biadesivo degli spilli, in modo che sporgano di 1 cm dal cartoncino. Applicate il biadesivo anche sull'altra striscia e posizionatela sulla prima esercitando una pressione decisa. Verniciate il pettine in modo che sia più resistente all'acqua.

MATERIALI E ATTREZZI

PER QUANTO POSSA SEMBRARE OVVIO, il principale materiale usato per i progetti illustrati in questo volume è la carta. Le varianti disponibili in commercio sono moltissime ed è importante imparare a riconoscere alcune caratteristiche di base in modo da scegliere quella di volta in volta più adatta in funzione del tipo di lavoro. La maggior parte è facilmente reperibile nei negozi che trattano articoli per legatoria, ed eventuali carte particolarmente sofisticate si possono sostituire con versioni alternative altrettanto efficaci.

Due sono le caratteristiche fondamentali: la grammatura, cioè il peso, e l'orientamento della vena. Il peso si esprime in grammi per metro quadrato (abbreviato in g/mq). Le cosiddette carte "pelure", di bassa grammatura e leggermente traslucide, comprendono la carta velina, quella per pulire le lenti e molte carte giapponesi fabbricate a mano, davvero splendide e sorprendentemente resistenti. Hanno una grammatura compresa fra 10 e 45 g/mq: per avere un termine di paragone, basti pensare che le carte di uso quotidiano, come quella da lettera, pesano dagli 80 ai 120 g/mq e sono definite medio-leggere. Le versioni fino a 150 g/mq sono medio-pesanti e tutte quelle al di sopra dei 150 g/mq sono considerate cartoncino. Oltre i 300 g/mq si parla di cartone: tra l'altro, è bene tenere presente che cartoncino e cartone vengono spesso classificati in base allo spessore e quindi misurati in millimetri, anziché in grammi.

A sua volta, il termine "vena" identifica il verso in cui si dispongono le fibre, verso che nel caso della lavorazione industriale corrisponde alla direzione di scorrimento dei nastri trasportatori. Si tratta di una caratteristica molto importante, della quale dovrete tener conto nella maggior parte dei progetti presentati in questo volume: operando nel senso della vena, infatti, vi risulterà più facile piegare e tagliare la carta. Non solo: bagnando il foglio, con acqua o colla, questo si dilata maggiormente nel senso della vena, per cui asciugando la carta può imbarcarsi. Per ovviare a questo inconveniente, inumidite entrambi i lati e lasciate asciugare sotto un peso.

Il pregio di una carta è determinato dalla qualità della materia prima da cui viene estratta la cellulosa e dal processo di fabbricazione. Per esempio, le cartevalori e la cartamoneta sono ottenute con lavorazione a mano di cellulosa di cotone; le carte colorate si producono miscelando vari pigmenti all'impasto; le versioni più pregiate (da incisione, per usi artistici e legatoria) si ottengono mediante mescolanza di vari tipi di cellulosa, in cui entra sempre una percentuale elevata di cellulosa di cotone. E ancora, la carta patinata viene sottoposta a un trattamento superficiale, detto appunto "patinatura", che la rende più liscia e bianca, lucida oppure opaca.

La carta è disponibile in misure standard. Il più conosciuto è il formato A e i più comuni sono compresi tra l'A1 e l'A6, ma ne esistono anche di più piccoli: l'A1 misura 84 x 59 cm, l'A2 è la metà, cioè 42 x 59 cm, l'A4 21 x 29,7 e così via

Come individuare l'orientamento della vena

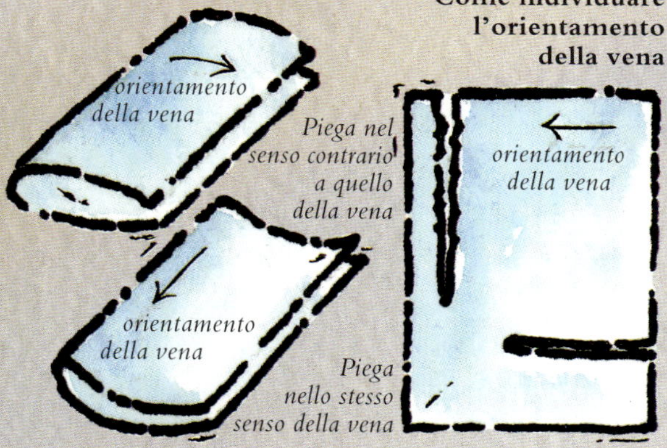

fino all'A6 (15 x 10,5 cm). Se la vena è orientata nel senso del lato più lungo di un determinato formato, lo sarà nel senso di quello più corto del formato immediatamente inferiore, tagliato a metà dallo stesso rullo di carta.

Un altro materiale di notevole importanza è l'adesivo. Quelli usati nei nostri progetti sono essenzialmente di tre tipi: colla vinilica, termine che identifica un'ampia gamma di preparati il cui componente principale è l'acetato di polivinile; adesivo spray, che emana esalazioni tossiche, per cui deve essere usato con moderazione e in un locale adeguatamente ventilato; adesivo a presa rapida, molto pratico perché assicura un'ottima tenuta in tempi brevissimi.

Un'ulteriore variante, quando si tratta di assemblare materiali con caratteristiche diverse, è rappresentata dal termoadesivo in fogli.

TECNICHE DI BASE

E ORA ANALIZZIAMO brevemente le tecniche utili nella realizzazione dei vari progetti.

PRENDERE LE MISURE E TAGLIARE CARTA O CARTONCINO

Stendete la carta o il cartoncino sul tappetino per tagliare e individuate un lato perfettamente diritto al quale fare riferimento.Orientate il foglio in modo che questo lato si trovi in posizione verticale e alla vostra sinistra. Partendo dall'alto, con l'aiuto di matita e righello riportate la misura richiesta, indicandola con un piccolo segno. Spostate il righello verso il basso e riportate nuovamente la misura, segnandola anche in questo caso.

Se dovete limitarvi a tracciare una linea, ruotate il foglio di 90°, allineate il righello ai due segni e uniteli; se invece l'obiettivo è quello di tagliare la carta o il cartoncino, mantenete il foglio nella posizione di partenza, collocate il righello sulla linea che collega i due segni e passate ripetutamente il taglierino lungo il bordo (per produrre tagli diritti, questo strumento è indubbiamente più indicato di un paio di forbici).

L'INCISIONE

Incidere significa creare un solco sulla carta in modo che risulti più facile piegarla. Questa operazione, che non è necessaria lavorando con fogli molto sottili, è invece fondamentale quando si usano carte di spessore medio-alto o cartoncini, perché consente di ottenere pieghe nette e una finitura molto accurata.

Di solito, per produrre il solco si usa uno strumento detto pieghetta, con il quale si incide il foglio lavorando su quello che diventerà il lato esterno (la carta si piega nel senso opposto alla linea di incisione). Usando un cartoncino, il solco deve essere profondo quanto la metà del suo spessore; nel caso della carta, invece, occorre operare con mano molto leggera per non rischiare di lacerarla.

COME REALIZZARE UNA SCATOLA

I metodi possibili sono due: il primo, indicato soprattutto per scatole di dimensioni piccole o medie, utilizza un cartoncino leggero; il secondo consente di realizzare qualunque tipo di scatola assemblando pezzi pretagliati di cartone. Entrambi presuppongono una certa precisione, ma non richiedono particolari abilità.

METODO 1

Vediamo come costruire un piccola scatola rettangolare. Prima di tutto occorre realizzare il modello: calcolate accuratamente le misure e scegliete in fase preliminare il materiale che utilizzerete. Se preferite un cartoncino decorato, infatti, dovrete tener conto della disposizione dei motivi sin dall'inizio, per evitare delusioni una volta assemblata la scatola. In alternativa, potete rivestire con carta decorata un cartoncino grezzo, operazione che va sempre eseguita prima di incollare la scatola.

Disegnate il modello segnando le misure come descritto in precedenza, prevedendo anche le abbondanze per i risvolti, e controllate che tutti gli angoli siano retti. Di solito, risvolti di circa 1 cm sono perfetti, ma dovrete comunque verificare che siano proporzionati alle dimensioni del progetto (quelli utili per chiudere la scatola devono essere leggermente più alti e con angoli più acuti).

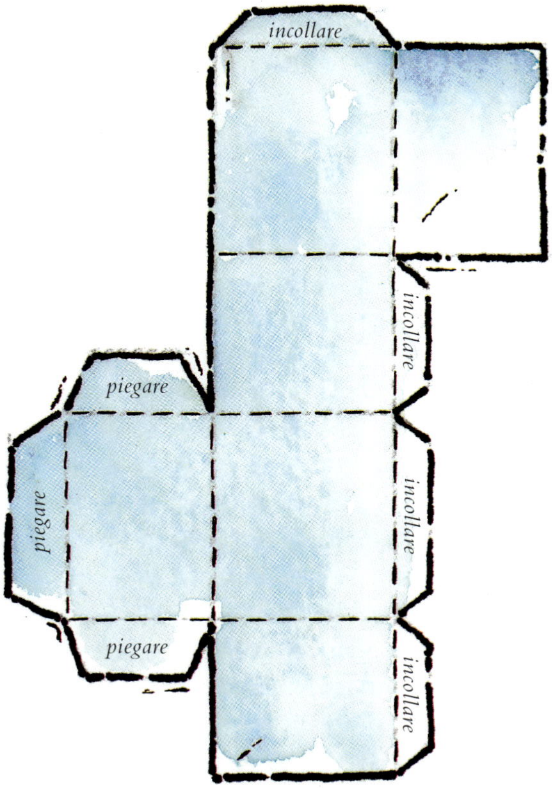

Ritagliate la sagoma con il taglierino o il bisturi, prestando particolare attenzione quando rifilate i risvolti. Nel rimuovere gli scarti procedete sempre dal centro del disegno verso l'esterno.
Ora incidete le linee di piega e assemblate la scatola, controllando che le varie parti combacino perfettamente prima di applicare la colla.

METODO 2
Il primo aspetto da definire è la dimensione della scatola. Questa verrà assemblata incollando parti pretagliate, base e pareti, per cui dovrete tener conto del loro spessore nel prendere le misure: la larghezza di due pareti deve risultare uguale a quella di un lato della base; quella delle due restanti ridotta di due volte lo spessore del cartoncino. Il coperchio è una copia identica, in modo che combaci con la scatola, ma di altezza minore.

Per una finitura migliore, usate un cartoncino di buona qualità: in alternativa a quelli reperibili in commercio, il retro rigido di un album da disegno andrà benissimo. Benché in alcuni casi possa sembrare inutile rivestire l'interno, vi consigliamo comunque di ricoprire con la carta decorata entrambi i lati del cartoncino: per evitare che si deformi, è importante che reagisca all'applicazione della colla dilatandosi in modo uniforme.

1

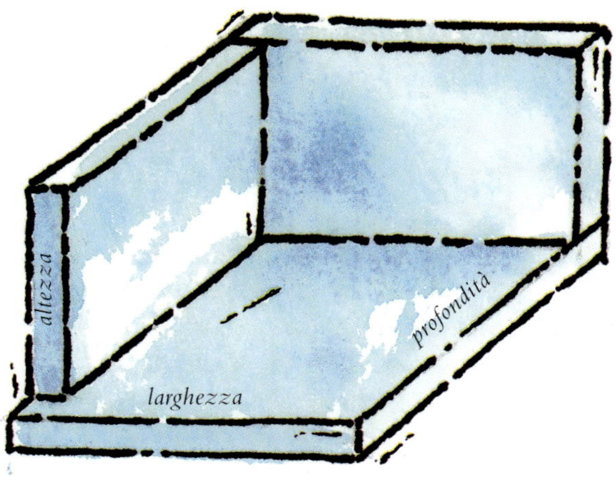

Stabilite le dimensioni della scatola, segnatene le misure sul cartoncino e tagliate i vari pezzi (se avete deciso di rivestire anche l'interno, procedete all'operazione seguendo il metodo descritto alle pagine seguenti). Prima di incollare, controllate che i bordi siano lisci e uniformi (se necessario, levigateli con cartavetrata) e che tutti i pezzi combacino.

2

Ora stendete un sottile strato di adesivo a presa rapida lungo i margini esterni dei lati che verranno a contatto.

3

Lasciate asciugare per 10 minuti e poi unite i pezzi, esercitando una pressione leggera ma ferma.

4

Operando come in precedenza, incollate la base. Lasciate asciugare completamente e quindi controllate che le giunzioni risultino a filo: se necessario, ricorrete alla cartavetrata in modo da correggere eventuali irregolarità in corrispondenza dei bordi e degli spigoli.

IL RIVESTIMENTO

Prima di tagliare la carta è molto importante calcolare la dilatazione che essa subisce una volta bagnata dalla colla e tenerne conto nelle misure. Questo vale a maggior ragione quando la carta deve combaciare perfettamente perché non sono previsti risvolti (per esempio, per ricoprire l'interno delle scatole). Nel rivestire un oggetto bidimensionale, invece, è necessario lasciare un'abbondanza per i risvolti su tutti i lati della carta: la misura varia in funzione dello spessore del cartoncino da ricoprire, ma in linea di massima 1,5 cm dovrebbero bastare; se l'oggetto è tridimensionale, i risvolti sono necessari solo su alcuni lati.

1

COME RIVESTIRE UN OGGETTO BIDIMENSIONALE

Collocate il cartoncino sul retro della carta e tracciatene la sagoma, lasciando un'abbondanza di 1,5 cm su ogni lato. Ritagliate la carta e rifilate gli angoli a 45°, in modo che, una volta piegati i risvolti, si formino degli angoli retti.

2

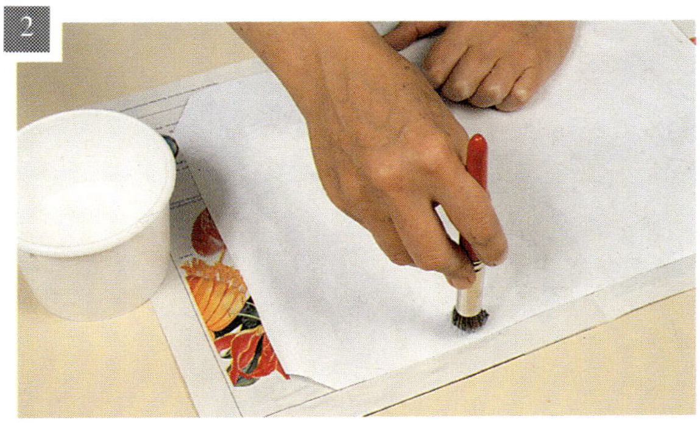

Stendete uno strato uniforme di colla sul retro della carta, procedendo dal centro verso l'esterno.

3

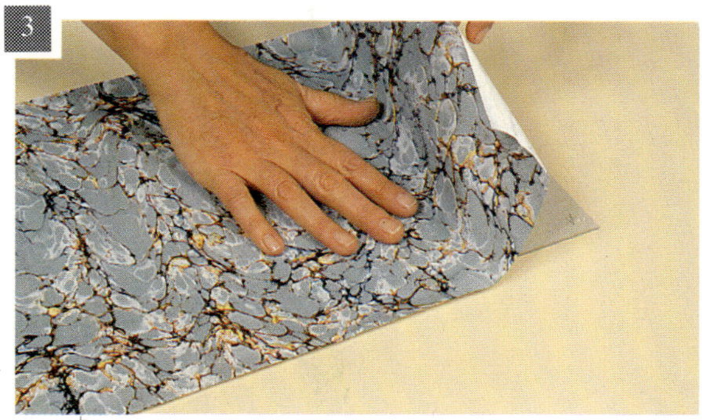

Sollevate la carta con cautela e posizionatela sul cartoncino, esercitando una leggera pressione con le mani per eliminare eventuali bolle d'aria.

4

Lavorando rapidamente, capovolgete il cartoncino sul piano di lavoro e piegate tutti i risvolti. Se la colla fosse troppo asciutta, stendetene un ulteriore strato. Quindi lasciate asciugare, possibilmente sotto un peso.

5

Rifinite gli angoli, facendo aderire perfettamente i lembi con l'aiuto della pieghetta.

COME RIVESTIRE UN OGGETTO TRIDIMENSIONALE

In questo caso, calcolare la quantità di carta necessaria è leggermente più complicato, ma il procedimento di incollaggio è analogo: procuratevi qualche striscia piuttosto lunga di carta leggera con cui prendere le misure e tracciate uno schema approssimativo. Qui viene rivestita una scatola rettangolare, ma il metodo è applicabile a qualunque altra forma.

1

Avvolgete una striscia di carta attorno alla scatola, piegandola con cura in corrispondenza degli spigoli e prevedendo l'abbondanza per i risvolti alle estremità; procedete nello stesso modo per l'altra dimensione. Stendendo le due strisce, disporrete della misura totale del rivestimento.

2

A questo punto potete disegnare il modello sul retro della carta: riservate a questa operazione tutta l'attenzione necessaria, con particolare riguardo agli angoli, e prevedete l'abbondanza per i risvolti. Prima di ritagliare la carta, avvolgetela attorno alla scatola per accertarvi che le misure corrispondano perfettamente.

3

Nel rivestire la scatola con la carta decorata, dovete procedere per gradi: prima la base, poi i due lati contrapposti con i risvolti e quindi i due restanti lati. Se la carta è molto spessa, potete renderla più flessibile inumidendola leggermente con una spugna prima di applicare la colla.

Per ricoprire una scatola che in seguito andrà rivestita anche all'interno, è buona regola prevedere risvolti abbastanza lunghi da poter essere ripiegati lungo gli spigoli del fondo: verranno completamente "mascherati" dal rettangolo di carta incollato sulla base, con una finitura molto accurata.

COME MONTARE IL FOGLIO DECORATO SU CARTA O CARTONCINO

Nel caso di carte molto leggere, occorre aumentarne la consistenza montandole su un foglio più spesso o su un cartoncino: un esempio in tal senso è rappresentato dalle carte piegate e colorate descritte a pagina 22.

È un'operazione da eseguire con estrema cautela, osservando due regole fondamentali: la più importante si riferisce alla vena della carta, che dev'essere orientata nello stesso senso in entrambi i materiali. In caso contrario, il foglio così prodotto rischierebbe di imbarcarsi. L'altro aspetto, non meno decisivo, riguarda la dilatazione che la carta subisce una volta bagnata dalla colla: per evitare deformazioni, è sempre consigliabile applicare uno strato molto sottile di adesivo e comunque fare una serie di prove prima di cimentarsi nel progetto vero e proprio.

Come per altre tecniche di base, anche in questo caso si possono adottare diversi metodi per montare la carta decorata su un foglio più spesso: i due che proponiamo sono molto semplici e, benché le due carte vengano fatte aderire subito dopo l'applicazione della colla, il rischio che si formino grinze è davvero minimo.

METODO 1

Collocate l'uno accanto all'altro i due fogli di carta sul piano di lavoro, con il retro rivolto verso di voi, e, servendovi del pennello, stendete uno strato uniforme di colla vinilica su quello più pesante procedendo rapidamente.

Lasciate asciugare e poi sovrapponete la carta più leggera con il lato diritto rivolto verso di voi. Proteggete la superficie con un foglio di scorta e passate il ferro da stiro caldo: il calore riattiverà l'adesivo, per cui le due carte si incolleranno.

METODO 2

Usando carte molto sottili o delicate, spesso è praticamente impossibile stendere la colla. In questi casi il materiale ideale è il termoadesivo, disponibile in fogli molto sottili ricoperti sul retro da una carta protettiva.

Stendete il termoadesivo a faccia in giù sul retro della carta più pesante e passate il ferro da stiro caldo. Rimuovete la protezione e sovrapponete la carta leggera con il lato diritto rivolto verso di voi. Coprite la superficie con un foglio di scorta e passate nuovamente il ferro caldo.

GLOSSARIO

Acetato Pellicola di plastica trasparente usata per realizzare gli stencil.

Acquaragia Solvente diluito da usare per vernici e pitture a olio. Altamente infiammabile, deve essere usata con cautela.

Aerografo Vaporizzatore ad aria compressa usato per nebulizzare la pittura su una superficie.

Bagno colloso o gelatinoso Impasto realizzato con vari ingredienti: colla, gomma adragante, amido o alga carrageen. Viene aggiunto alla pasta di carta per renderla meno assorbente; più diluito, si usa per la tecnica della marmorizzazione.

Carrageen Alga marina essiccata che si usa per la preparazione di un bagno gelatinoso impiegato nella marmorizzazione della carta.

Carta al silicone Carta rivestita da uno strato di silicone che impedisce l'adesione di qualunque collante.

Cartavetrata Carta ricoperta da uno strato di fine materiale abrasivo, usata per levigare il legno e altre superfici.

Cliché Blocchetto di legno o di altro materiale che viene intagliato per ottenere uno stampo in rilievo.

Contropiega Piega eseguita nel verso contrario a quello di un'altra.

Diffusore spray Strumento che consente la nebulizzazione del colore su ampie superfici.

Dorso Parte del corpo di un libro o di una cartelletta che unisce i due piatti della copertina.

Fiele di bue Sostanza utilizzata nei bagni per la marmorizzazione, poiché, aggiunta all'acqua, ne diminuisce la tensione superficiale, favorendo la dilatazione dei colori.

Giunzione ad angolo retto Angolo di 90° formato dalla corrispondenza di due elementi adiacenti inclinati a 45°.

Impasto colloso Mistura di amido (o farina di granturco, o cellulosa) e acqua che agisce da legante per i colori, usata per realizzare le carte incollate. È anche un tipo di adesivo.

Incidere Solcare un materiale senza tagliarlo in modo da riuscire a piegarlo più facilmente.

Laminati Due fogli di carta incollati l'uno sull'altro per sigillare un elemento decorativo o per ottenere un materiale più consistente.

Marmorizzazione Tradizionale tecnica di decorazione della carta con striature che ricordano il marmo.

Nastro adesivo di carta Nastro adesivo usato per fissaggi temporanei, che non lascia tracce.

Origami È l'arte giapponese di creare oggetti bi- o tridimensionali mediante la semplice piegatura di fogli di carta, in genere senza il ricorso a forbici oppure a colla.

Passe-partout Pezzo di carta o cartoncino tagliato in modo da costituire un margine più o meno ampio tra un quadro, un disegno o una fotografia e la cornice.

Pasta di carta Mistura umida di fibre dalla quale si ottiene la carta.

Pieghetta Attrezzo di osso o di materiale sintetico usato in legatoria per incidere e piegare i lembi di carta in modo netto e uniforme.

Risguardo Foglio di carta, spesso decorato, incollato all'interno delle copertine dei libri.

Risvolto Lembo del rivestimento che si ripiega all'interno della carta o del cartone.

Rullo Cilindro rotante su un asse e dotato di manico usato per stendere la pittura o l'inchiostro.

Stencil Letteralmente "stampino", è un foglio sottile in cui è stato ritagliato un disegno che si può trasferire su una superficie applicando il colore attraverso le finestre.

Tela per legatoria Materiale finemente tessuto, talvolta con retro di carta che può essere anche plastificato, usato per rivestire i libri.

Termoadesivo in fogli Sorta di tessuto adesivo ricoperto sul retro da una carta protettiva: passando il ferro da stiro caldo, incolla materiali diversi.

Vena Verso in cui si allineano le fibre della carta e lungo il quale è più facile la piegatura.

Carta da Lettere e Biglietti Augurali

Ed ecco un coordinato, semplice ma molto grazioso, da realizzare per uso personale o come oggetto-regalo. La carta da lettere, acquistata già pronta o preparata ritagliando fogli di grande formato, si presta particolarmente alla decorazione con gli stencil o con i cliché e può essere personalizzata con le proprie iniziali o con una serie di disegni. Quanto ai biglietti augurali, si "costruiscono" piegando a metà un cartoncino leggero (circa 150 g/mq) e incollando sulla parte anteriore un ritaglio di carta decorata. Un impegno minimo per un risultato di grande effetto.

OCCORRENTE

• corredo base • selezione di carte • stencil e/o cliché • pittura e/o inchiostro da stampa

CARTA DA LETTERE

QUALCHE CONSIGLIO

Se intendete decorare articoli di cancelleria, cercate di attrezzarvi in modo da disporre di tutto lo spazio necessario, soprattutto se dovete stendere i fogli stampati ad asciugare.

Disegnando personalmente la carta da lettere, l'ideale è realizzare anche buste coordinate: piegate i risvolti laterali verso l'interno, stendete la colla sui lati di quello in basso, piegatelo ed esercitate una pressione decisa; quindi rimboccate il risvolto del lato superiore e fissatelo con la colla o con nastro biadesivo. (Volendo, prima di incollare la busta potete rivestirla internamente con una carta piegata e colorata.)

In questo caso sono stati utilizzati stencil e cliché, alcuni dei quali acquistati già pronti, anche se, come abbiamo visto, è molto semplice disegnarli e realizzarli autonomamente.

DECORAZIONE CON STENCIL

Nei limiti del possibile, utilizzate materiale trasparente (pellicola di acetato o mylar) in modo da posizionare esattamente lo stencil, specie se dovete applicare più di un colore. In questo caso vi conviene indicare sulla mascherina i segni di registro: vi aiuteranno a produrre motivi diritti.

Prima di procedere, preparate gli stencil e fate qualche prova su un foglio di scorta. Se può facilitarvi il compito, tracciate una sottile linea a matita, che poi cancellerete (o fissate una striscia di carta di colore contrastante con il nastro adesivo), alla quale allineare lo stencil.

Di solito i motivi per decorare la carta da lettere sono piuttosto minuti: per colorarli è quindi preferibile utilizzare qualche pennarello.

DECORAZIONE CON CLICHÉ

Ricavate il cliché da uno dei materiali descritti alle pagine 18 e 19. I più semplici e "immediati" sono senz'altro quelli realizzati incidendo una patata, che però hanno il limite di consumarsi rapidamente, per cui dovrete predisporne una buona scorta prima di iniziare la decorazione. In alternativa, intagliate una gomma per cancellare, indubbiamente più resistente. Comunque, lavorare con stampini di patate e pitture ad acqua è molto divertente e "produttivo": in breve disporrete di un'intera risma di carta da lettere.

Vi conviene tracciare una sottile linea a matita alla quale fare riferimento, a maggior ragione se il disegno si sviluppa lungo uno dei bordi. Quando poi intendete utilizzare due colori, applicate il primo solo dopo aver lasciato asciugare completamente il secondo.

Preparato il cliché e miscelata la pittura, procedete con metodo: stampate la carta e stendetela ad asciugare accostando il più possibile i fogli per intuibili motivi di spazio, ma senza sovrapporli o rischiereste di macchiarli.

OCCORRENTE

- corredo base
- cartoncino leggero
- carta marmorizzata o altrimenti decorata
- adesivo
- carta molto leggera
- colla vinilica diluita o termoadesivo in fogli
- fiori pressati o pezzetti di carta
- ferro da stiro
- nastro biadesivo

BIGLIETTI AUGURALI

UN CONSIGLIO

Prima di preparare i biglietti, verificate qual è il formato delle buste più facilmente reperibili in commercio (dovendo realizzarle occorrerebbe parecchio tempo).

1 Il cartoncino dovrà essere tagliato in modo che, una volta piegato, sia di 0,5-1 cm più piccolo della busta, sia in lunghezza sia in larghezza. Come descritto nelle pagine riservate alle *Tecniche di base*, risulterà più flessibile se lo piegherete seguendo l'orientamento della vena.

2 Prendete la carta decorata e, utilizzando una cornice bianca ricavata dal cartoncino, inquadrate l'area da incollare sul fronte del biglietto: per valorizzare alcuni disegni è necessario un bordo più alto rispetto ad altri, per cui vi conviene fare qualche prova per individuare la misura più adatta. Iniziate con un ritaglio di carta decorata abbastanza grande e, se la cornice vi sembra troppo bassa, rifilatelo leggermente fino a raggiungere il giusto equilibrio. Quando sarete soddisfatti del risultato, incollate la carta decorata sul cartoncino.

3 E ora preparate un biglietto più raffinato: tagliate un pezzo di cartoncino alto quanto la busta destinata a contenerlo e tre volte più largo, quindi incidetelo e piegatelo in tre parti uguali. Ritagliate la "faccia" centrale ricavando una finestra di forma e dimensioni adeguate e, tenendo il cartoncino con l'interno rivolto verso di voi, decoratene il lato sinistro seguendo uno dei metodi descritti per produrre le carte laminate (pagina 23): stendete i ritagli o i fiori pressati sulla superficie già trattata con la colla e copriteli con la carta leggera tagliata in misura. Quindi passate il ferro da stiro caldo.

4 Da ultimo fissate la "faccia" con la finestra su quella laminata, dopo aver applicato con grande attenzione la colla sui bordi, oppure servendovi del nastro biadesivo.

PORTABIGLIETTI

QUESTA VARIEGATA CARTELLETTA è l'ideale per presentare nella veste più felice la carta da lettere o i biglietti augurali decorati secondo le tecniche illustrate nel progetto precedente. Qui è stata usata una carta piegata e colorata montata su un cartoncino leggero, ma potrete introdurre tutte le varianti che riterrete opportune. L'importante è lavorare con grande precisione in modo che la cartelletta si chiuda perfettamente e che la finitura sia molto accurata (un consiglio: prima di cimentarvi nell'impresa, studiate con attenzione lo schema).

OCCORRENTE

- corredo base
- cartoncino decorato
- pieghetta
- una monetina
- adesivo adatto

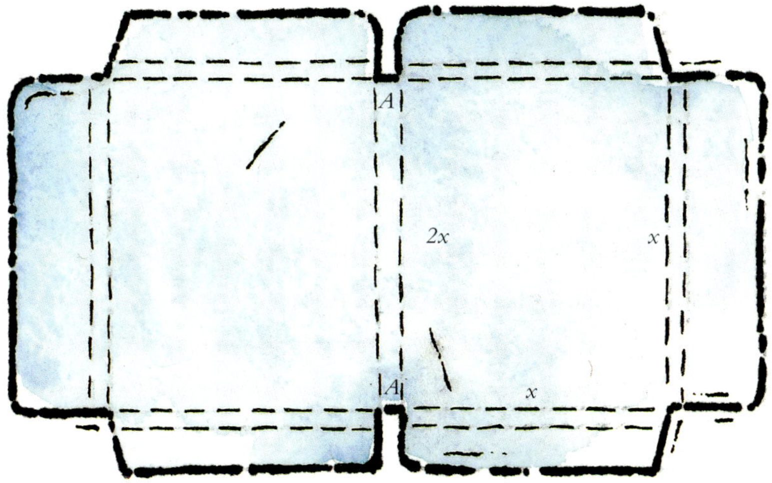

Con mano leggera tracciate a matita lo schema del progetto sul retro del cartoncino (le misure si possono ovviamente modificare in funzione del formato della carta o dei cartoncini da inserire nella cartelletta). Lo schéma indica le proporzioni da rispettare: i risvolti laterali, che formano le due tasche, sono più alti di quelli superiori e inferiori; lo spazio del dorso "A" è largo due volte (2x) gli spazi incisi attorno ai bordi esterni (x) in modo che, una volta chiusa la cartelletta, i due piatti combacino perfettamente. Per tracciare le curve degli angoli arrotondati, usate la monetina.

1 Ritagliate la cartelletta seguendo le linee continue dello schema. Procedete dal centro verso l'esterno, mantenendo la lama del taglierino sempre rivolta verso di voi e cercando di eseguire movimenti fluidi e regolari. Per tagliare sagome curve, non muovete la lama ma girate il cartoncino.

2 Incidete con la pieghetta tutte le linee tratteggiate; quindi, iniziando dai bordi esterni, ripiegate verso l'interno i risvolti lungo le linee incise esercitando una discreta pressione. Verificate che tutti gli angoli siano retti e combacino perfettamente.

3 Applicate l'adesivo sugli angoli dei risvolti laterali e incollateli, sovrapponendoli a quelli superiori e inferiori (mantenete il tutto sotto pressione finché la colla sarà asciutta).

Borsa di Carta

Molto semplici da costruire, le borse di carta si prestano a essere realizzate in qualunque dimensione, con l'accorgimento di aumentare la grammatura della carta in proporzione. Se la borsa è molto grande, o è destinata a oggetti pesanti come le bottiglie, dovrete rinforzare fondo e manici con un cartoncino. Volendo, per questi ultimi potete usare nastri o cordoncini in tinta con la carta.

QUALCHE CONSIGLIO

Prima di iniziare, è bene tener presenti alcuni aspetti.
Nel tracciare il disegno, verificate che tutti gli angoli misurino 90°: perché possa stare ritta sul fondo, la borsa deve risultare perfettamente "in squadra".
I risvolti del fondo devono essere più bassi di quelli dei lati di circa 1 cm.
Infiine, per costruire la borsa dovrete incidere le linee di piegatura, soprattutto se utilizzate carta pesante.

OCCORRENTE

- corredo base
- carta decorata
- colla
- nastro o cordoncino per i manici

1 Tracciate lo schema sul retro della carta, in modo che i tratti a matita non siano visibili a lavoro ultimato. Ritagliate la sagoma rimuovendo gli scarti e quindi incidete tutte le linee di piegatura. Ripiegate i risvolti superiori e incollateli con un adesivo adatto. In questo modo rinforzerete la borsa e produrrete una finitura più accurata.

2 Ripiegate la carta lungo le linee di incisione e iniziate ad assemblare la borsa, incollando prima di tutto il risvolto laterale (in questa posizione la giunzione è quasi completamente invisibile, per cui il risultato finale sarà perfetto). Applicate la colla sul retro di entrambi i risvolti laterali del fondo (corrispondenti ai lati corti) e incollateli su uno dei due più lunghi; procedete allo stesso modo sul retro dell'altro risvolto lungo, che incollerete su tutti gli altri.

3 Praticate sul bordo superiore rinforzato i fori per i manici e fate passare il nastro oppure il cordoncino. Nella scelta, potete privilegiare l'aspetto decorativo o quello funzionale, soprattutto se la borsa dovrà sostenere carichi pesanti.

COPRISCATOLA

UN'IDEA ORIGINALE PER IMPREZIOSIRE un oggetto di uso quotidiano trasformandolo in un regalo insolito. In questo caso è stata rivestita una scatola quadrata di fazzoletti di carta: il cartoncino leggero è dipinto ad aerografo usando bolli autoadesivi come mascherine e il copriscatola viene assemblato in base al primo metodo descritto nelle *Tecniche di base*.
Considerato l'uso al quale è destinato, ovviamente il coperchio non è necessario.

OCCORRENTE

- corredo base
- cartoncino leggero dipinto ad aerografo
- cartoncino per la sagoma del foro ovale
- adesivo a presa rapida

UN CONSIGLIO

Perché il rivestimento "scivoli" facilmente sulla scatola dei fazzoletti, è fondamentale prendere le misure con molta cura: ricorrete a una striscia di carta (pagina 33) oppure rilevate le dimensioni delle pareti laterali e di quella superiore per poi sommarle.

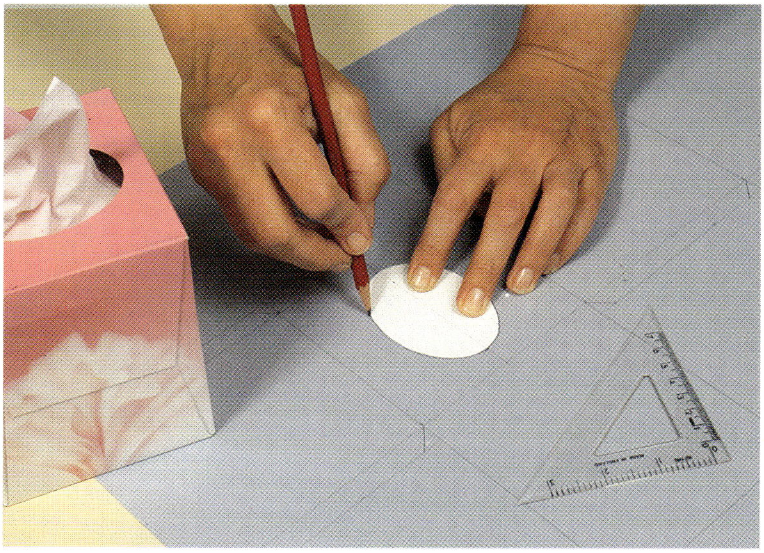

1 Tracciate il disegno sul retro del cartoncino dipinto, prevedendo anche un margine di 1 cm per ognuno dei risvolti laterali. Preparate la sagoma del foro attraverso il quale estrarre i fazzoletti, posizionatela al centro del disegno, tracciatene il contorno e ritagliatela.

2 Tagliate il cartoncino usando un taglierino affilato, incidete tutte le linee e piegatele.

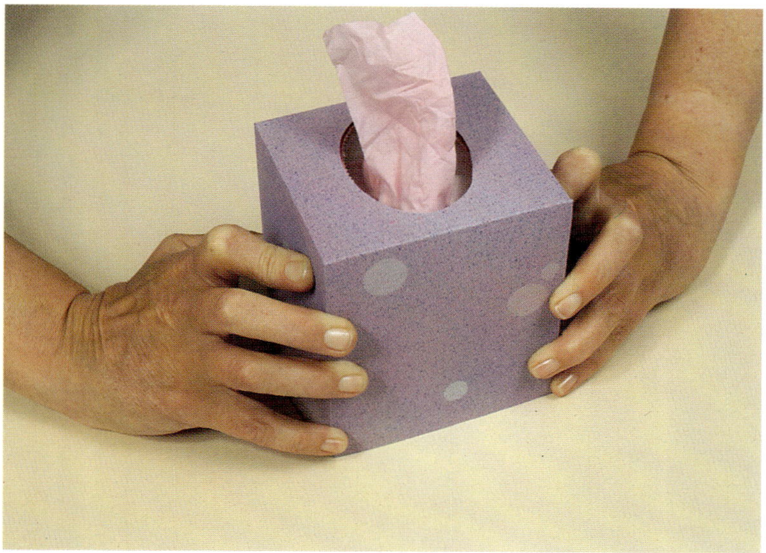

3 Prima di incollare il rivestimento, verificate che sia della misura giusta: se va tutto bene, applicate la colla sui risvolti, esercitando una pressione decisa, e sistematelo sulla scatola dei fazzoletti (attenzione a non esagerare con la colla o rischierebbe di fuoriuscire fissando stabilmente il rivestimento alla scatola).

4 Se preferite, potete rifinire il rivestimento con una guarnizione in tinta, acquistata o realizzata personalmente, incollandola attorno alla base: in questo modo renderete anche più solido il fondo.

CESTINO PER LA CARTA

UN'EVIDENTE CONFERMA di come una decorazione indovinata possa arricchire anche l'oggetto più insignificante, come questo cestino. In alternativa, anziché costruirlo personalmente potete acquistarne uno cilindrico e ricoprirlo con carta coordinata a un set di accessori per scrivania. In questo caso probabilmente non occorrerà rivestirlo internamente, ma semmai rifinire il bordo superiore e la base servendovi di un cordoncino o di una contropiega di carta.

OCCORRENTE

- corredo base
- cartoncino spesso
- carta decorata per il rivestimento esterno
- carta coordinata per il rivestimento interno
- adesivo a presa rapida
- colla vinilica

Stabilite le dimensioni del cestino anche in funzione della quantità di carta decorata disponibile (di solito sono alti 25 cm, con una diagonale di apertura di 20 cm, ma queste misure possono ovviamente variare).

1 Tagliate in misura cinque cartoncini e rivestiteli con la carta scelta per l'interno (consultate la sezione *Tecniche di base*).

2 Assemblate i quattro lati incollandoli con l'adesivo a presa rapida e quindi posizionate le pareti attorno alla base verificando che combacino. È probabile che in questa fase il cartoncino risulti leggermente incurvato a causa della tensione provocata dall'adesivo usato per il rivestimento interno.

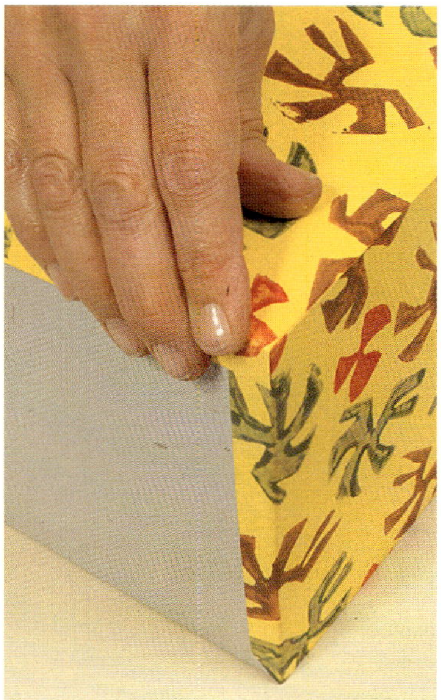

3 Il metodo più veloce per rivestire l'esterno consiste nel ricoprire prima la base, per poi applicare un'unica striscia di carta su tutti e quattro i lati. Tagliate un quadrato di carta decorata più largo e più lungo della base del cestino di almeno 1 cm, stendete l'adesivo e incollatelo alla base favorendone l'adesione con le mani. Tagliate in diagonale la carta eccedente in corrispondenza degli spigoli, ripiegate i risvolti e incollateli.

4 Per rivestire le pareti, tagliate un'unica striscia di carta, più alta del cestino e più lunga del perimetro esterno di almeno 1 cm. Incollatela iniziando da uno spigolo, in modo che la giunzione sia poco visibile. Il bordo inferiore dovrà risultare a filo con la base.

5 In corrispondenza di ogni spigolo, praticate un taglio a V così da poter ripiegare la carta all'interno senza che si laceri o si formino grinze. Se necessario, applicate un altro strato di adesivo e incollate i risvolti.

PARALUMI

I PARALUMI DI CARTA sono davvero suggestivi, ma molto delicati: per evitare che il calore della lampadina li surriscaldi, o che addirittura prendano fuoco, occorre montarli su apposite intelaiature, reperibili in un negozio specializzato. Se non riuscite a trovarne una, potete ricoprire direttamente un paralume rigido, dalla superficie liscia e di forma adeguata, operando come per il secondo progetto, illustrato a partire da pagina 63. Rifinite il lavoro con un sobrio cordoncino, scegliendolo con cura perché non prenda il sopravvento sul decoro, oppure con un nastro di carta plissettata da incollare sui bordi.

OCCORRENTE

- corredo base
- intelaiatura per paralume
- carta pesante per la base
- carta molto leggera
- colla vinilica diluita o termoadesivo in fogli
- fiori pressati o pezzetti di carta
- ferro da stiro
- adesivo a presa rapida
- ago e filo
- carta giapponese o carta speciale per pulire le lenti
- colori
- compasso o cordino e matita
- pieghetta o bastoncino di legno con punta piatta
- pellicola autoadesiva

Proponiamo un semplice paralume cilindrico realizzato con carta laminata (pagina 23). Misurate la circonferenza dell'intelaiatura e tagliate un pezzo di carta pesante per la base, più lungo di 3 cm e più alto di 1 cm (la carta si adatterà meglio all'intelaiatura orientando la vena verticalmente). Se il paralume non è cilindrico ma a tronco di cono, dovete prevedere una leggera curvatura della carta, per cui vi conviene prima fare qualche prova su un foglio a parte. Preparate la carta per la base come descritto a pagina 23, posizionate i decori scelti per la composizione, sovrapponete il foglio di carta leggera e passate il ferro da stiro caldo. Infine, rivestite il tutto con la pellicola autoadesiva, per rendere lavabile la superficie del paralume.

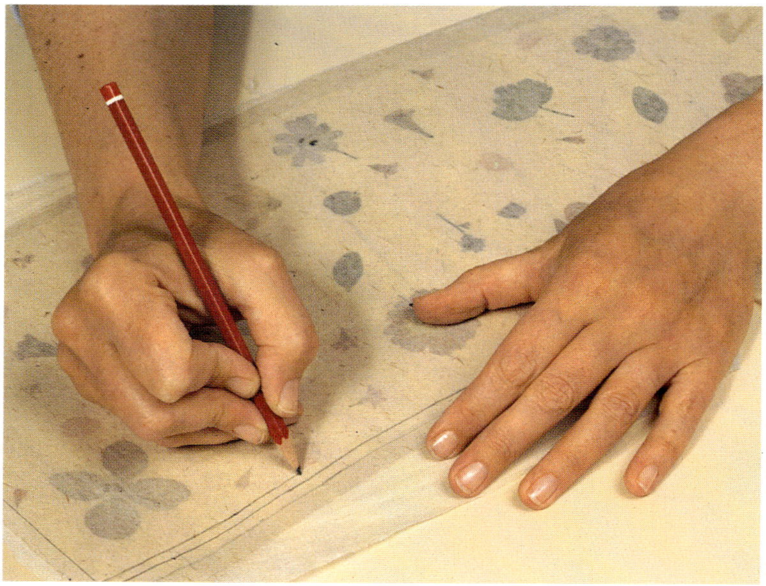

1 Tracciate a matita sul retro della carta una linea sottile a poco meno di 5 mm dal bordo superiore, e poi un'altra sotto la prima, a una distanza pari allo spessore della circonferenza superiore dell'intelaiatura.

2 Servendovi dell'ago, praticate nella carta alcuni forellini, a intervalli di 4-5 cm, lungo entrambe le linee, in modo che risultino perfettamente allineati.

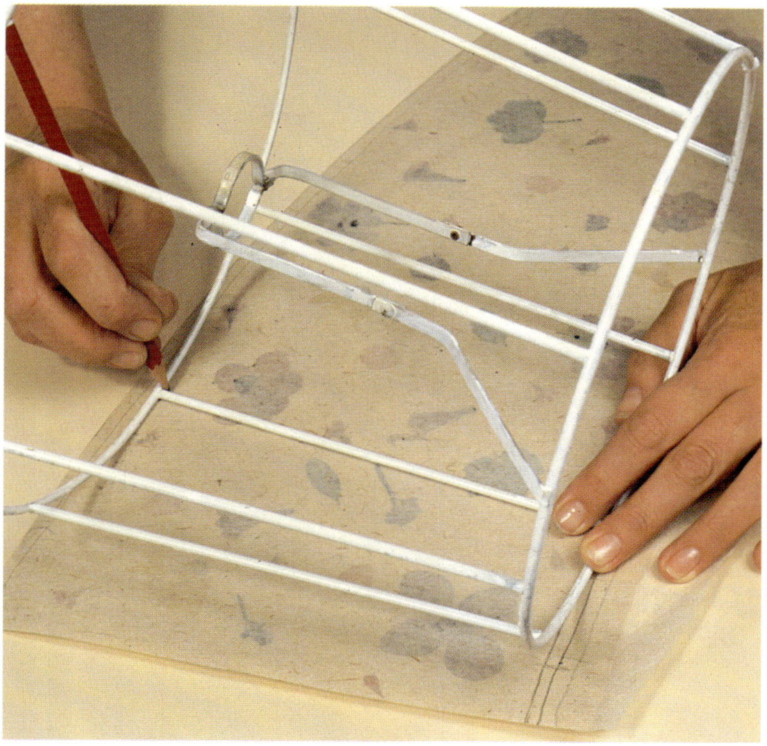

3 Appoggiate l'intelaiatura sulla carta, segnate la posizione della base e ripetete anche per questa le operazioni eseguite ai punti 1 e 2. Se necessario, rifilate la carta. Stendete l'adesivo sui margini estremi della carta, che a rivestimento ultimato verranno sovrapposti.

4 Con grande cautela, avvolgete la carta attorno all'intelaiatura: per semplificare l'operazione, bloccate temporaneamente il paralume con pezzetti di nastro adesivo di carta posizionati all'interno dei bordi inferiore e superiore.

5 Con ago e filo fissate la parte superiore del paralume all'intelaiatura, sfruttando i forellini praticati al punto 2. Iniziando dall'interno, portate l'ago all'esterno attraverso il foro superiore, tornate indietro passando per quello inferiore corrispondente e annodate il filo. Ripetete l'operazione e quindi spostatevi alla coppia di forellini successiva, passando sempre l'ago all'esterno e all'interno per due volte senza tirare troppo. Operate nello stesso modo sul bordo inferiore.

6 A lavoro ultimato, rifinite il paralume mascherando le cuciture con un nastro applicato in corrispondenza dei bordi.

Il paralume pieghettato riprodotto a pagina 58 è molto più lungo da costruire, ma il risultato è tale da ripagare ampiamente dell'impegno. Questo progetto è stato realizzato con carta piegata e colorata (pagina 22). Considerato che ne occorrerà parecchia, vi consigliamo di prepararla in un'unica seduta, in modo da evitare variazioni cromatiche e tonali. Il paralume è composto da settori circolari il cui numero varia in funzione del diametro. Misurate l'altezza della struttura rigida su cui applicare la carta e aumentatela di un terzo: otterrete la misura del raggio di ogni settore circolare. Per costruire l'intero paralume vi serviranno tre o quattro fogli di carta di queste dimensioni, a meno che non intendiate realizzare un'applique a muro, nel qual caso ne basterà uno solo. A decoro ultimato, montate la carta su fogli leggeri che si possano pieghettare facilmente.

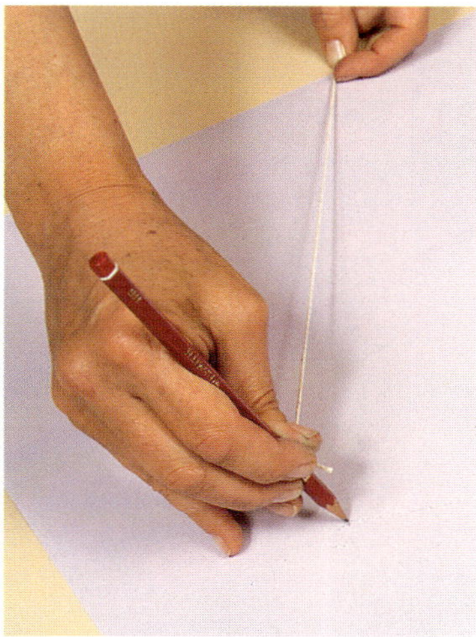

1 Tracciate i settori circolari sul retro dei fogli di carta: se il raggio è maggiore dell'apertura di un compasso, legate un cordino a una matita, fissatelo al centro del bordo superiore della carta e, tenendolo teso, tracciate un arco. Prima di rimuovere il cordino, segnate il punto centrale: vi servirà per pieghettare la carta.

2 Ritagliate i settori circolari e, sempre lavorando sul retro, tracciate dei segni a matita distanziati di 4-5 cm l'uno dall'altro, lungo il lato curvo inferiore. Con righello e pieghetta incidete la linea che collega ogni segno con il punto centrale del bordo superiore.

3 Lavorando sul lato diritto, piegate la carta in corrispondenza delle linee di incisione appena praticate.

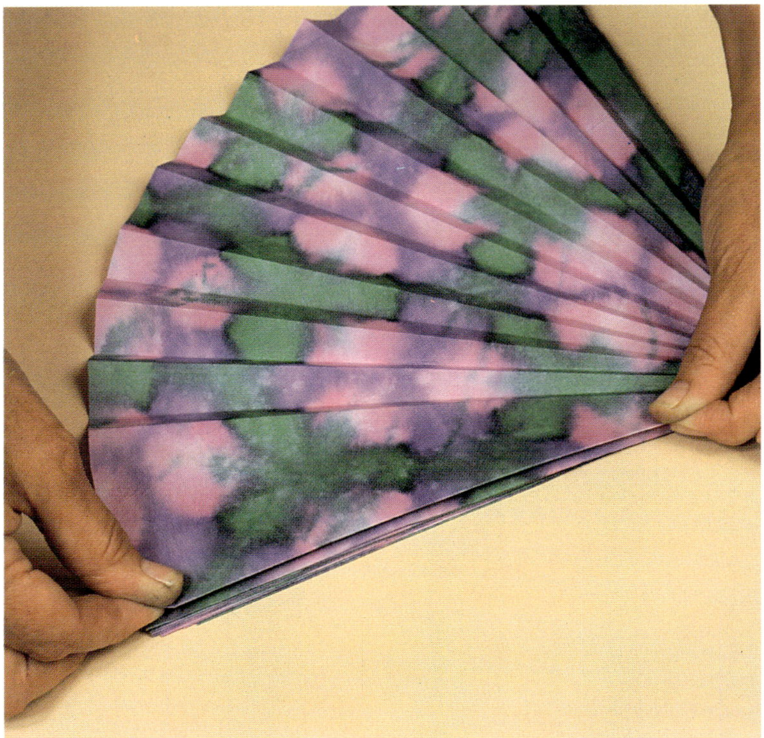

4 Stendete nuovamente la carta e, sempre lavorando sul lato diritto, posizionate il bordo di ogni piega contro quello della successiva, esercitando una pressione decisa, in modo da realizzare le contropieghe.

5 Una volta pieghettati tutti i settori circolari, posizionateli sul paralume rigido e tagliateli in misura. Allineate perfettamente il bordo inferiore e tagliate la carta eccedente alla sommità, lasciando però un piccolo esubero.

6 Piegate nuovamente la carta a fisarmonica, misurate una distanza di circa 5 cm dal bordo inferiore e con l'ago praticate un forellino passante esattamente al centro di ogni piega.

7 Assemblate i settori circolari incollandoli in modo che formino un cerchio completo. Con l'ago passate un filo attraverso i forellini, iniziando e finendo sul retro della carta; quindi collocate su un supporto il paralume rigido e appoggiatevi sopra quello di carta. Tirate il filo in modo che le pieghe aderiscano perfettamente alla superficie, annodate e tagliate le estremità.

PASSE-PARTOUT

DECORARE A STENCIL un passe-partout, acquistato già pronto oppure realizzato appositamente per incorniciare quadri dai formati insoliti, è un passatempo che non richiede particolare abilità e può rivelarsi molto piacevole. A maggior ragione se decidete di creare personalmente le mascherine. Per un passe-partout destinato a un quadro o a una fotografia particolare, può essere una buona idea riprendere il motivo dominante dell'immagine sullo stencil.

OCCORRENTE

- corredo base
- passe-partout già pronto oppure cartoncino per passe-partout e taglierino
- materiale per stencil
- matite colorate
- fogli di scorta
- nastro adesivo di carta

UN CONSIGLIO

Tracciate il contorno esterno del passe-partout e la sagoma della finestra su un foglio di scorta, facendo attenzione a non segnare o macchiare il cartoncino. Vi servirà per fare una serie di prove con gli stencil in modo da individuare il più adatto.

1 Una volta preparato lo stencil, posizionatelo sul foglio di scorta per verificarne l'effetto e accertarvi che il disegno sia proporzionato al passe-partout. In questo caso abbiamo usato matite colorate, che creano sfumature molto delicate.

2 Individuato il disegno, fissate lo stencil sul passe-partout con pezzetti di nastro adesivo di carta, che si rimuove facilmente senza lasciare segni. Colorate il disegno procedendo con metodo. Ultimato il primo motivo, sollevate la mascherina e riposizionatela basandovi sui segni di registro.

3 Se invece delle matite usate pittura ad acqua, per evitare di produrre sbavature, dovrete lasciar asciugare completamente ogni colore prima di applicare il successivo.

PORTARITRATTI

VOLENDO REALIZZARE UN PORTARITRATTI, operazione in sé piuttosto semplice, non avrete che l'imbarazzo della scelta in quanto le carte adatte a progetti di questo tipo sono moltissime, e tutte di grande effetto. Le carte completamente ricoperte di decori, come quelle marmorizzate, sono forse le più indicate, ma anche disegni a stencil o cliché specificamente realizzati per la cornice funzioneranno altrettanto bene.
Un consiglio prezioso: verificate sempre l'orientamento della vena della carta.

OCCORRENTE

- corredo base
- cartoncino spesso per la cornice
- carta marmorizzata per il rivestimento esterno
- carta coordinata in tinta unita per il rivestimento interno
- cartoncino sottile per i listelli
- colla vinilica
- pennello
- fogli di scorta
- pieghetta

1 Stabilite la misura del portaritratti in funzione della fotografia cui è destinato e tagliate due pezzi di cartoncino spesso, ricavando da uno di essi una finestra di dimensioni adeguate (verificate che la cornice non risulti troppo stretta).

2 Tagliate un rettangolo di carta in tinta unita largo quanto la cornice e più lungo di 2 cm, che incollerete sul cartoncino intero, cioè sul retro della cornice, ripiegando la carta in esubero.

3 Ricavate dal cartoncino sottile tre listelli alti circa 1,5 cm, due dei quali lunghi quanto la cornice e uno proporzionalmente più corto. Incollate i primi due lungo i bordi corrispondenti del retro della cornice, sul lato appena rivestito, e il terzo fra i precedenti, così da formare una U. Lasciate asciugare.

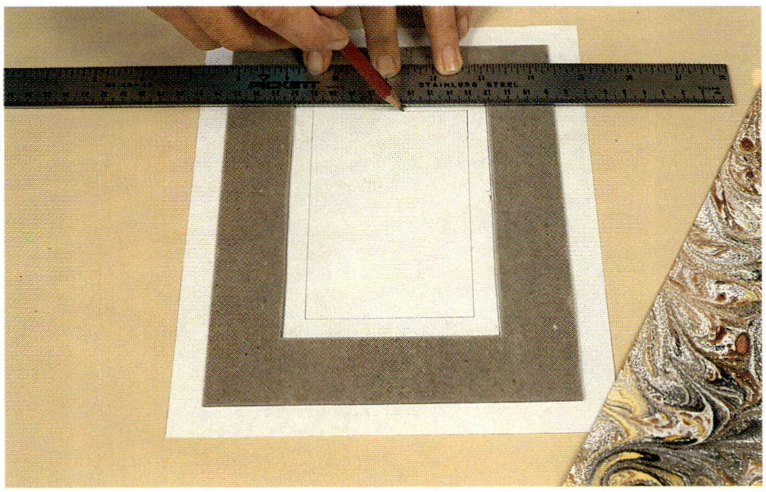

4 Tagliate un foglio di carta marmorizzata, che sia più lungo e più largo della cornice di 3 cm, posizionate perfettamente al centro il cartoncino con la finestra e tracciate a matita il profilo del riquadro interno. Rimuovete il cartoncino, tracciate all'interno della finestra un ulteriore riquadro, con lati più corti di 1 cm, e ritagliatelo.

5 Stendete l'adesivo sulla cornice e appoggiatela sulla carta seguendo il profilo a matita tracciato in precedenza; controllate che non si formino grinze, copritelo con un foglio di scorta per evitare di lasciare impronte e favoritene l'adesione aiutandovi con la pieghetta. In corrispondenza di ogni angolo interno, praticate con il taglierino un'incisione a V, quindi stendete l'adesivo e ripiegate con cura la carta.

6 Tagliate in diagonale l'esubero di carta ai quattro angoli esterni della cornice, lasciando un margine pari allo spessore dei due cartoncini. Stendete l'adesivo sul solo lato inferiore e ripiegate la carta. Quindi applicate la colla sui tre listelli fissati sul retro e assemblate i cartoncini.

7 Ora stendete l'adesivo sui tre lati rimanenti e ripiegate la carta in modo da mascherare le giunzioni: la foto verrà introdotta attraverso l'apertura rimasta in corrispondenza del lato inferiore.

Tagliate un altro pezzo di carta marmorizzata, più corto e più stretto di 1 cm rispetto alle misure della cornice, e incollatelo sul retro.

Ora occupatevi del piedistallo. Tagliate un pezzo di cartoncino spesso seguendo la sagoma qui sopra: deve essere lungo quanto metà della diagonale della cornice. Per rivestirlo, ricavate una striscia di carta marmorizzata con un'abbondanza di 1 cm sui lati e sulla punta e di 3 cm sul bordo superiore. Stendete l'adesivo sulla carta e posizionatevi sopra il piedistallo, esercitando una pressione decisa. Poi ripiegate i due risvolti laterali e la punta, ma non il bordo superiore.

8 Tagliate un altro pezzo di carta marmorizzata per rivestire il retro del piedistallo, quello rivolto verso il portaritratti.

9 Per realizzare il tirante, tagliate un pezzo di carta marmorizzata di 3 x 6 cm. Ripiegatelo su se stesso per due volte e incollate in modo da ottenere una striscia di 1 x 6 cm, piegatela a metà e incurvate leggermente le estremità. Incollate un'estremità del tirante a circa 5 cm dalla punta del piedistallo; poi stendete l'adesivo sull'altra estremità e sul bordo superiore del piedistallo e incollateli sul retro del portaritratti, in modo che la punta del piedistallo risulti leggermente arretrata rispetto allo spigolo della cornice.

20P
POSTAGE PAID
45

Sottomano e Portaposta

Gli oggetti realizzati qui sono solo due dei numerosi accessori per scrivania che si possono creare, tanto che, cimentandovi nelle varie tecniche illustrate in questo volume, potrete costruire un consistente set di articoli coordinati: cestino per la carta, portapenne, matite rivestite di carta, portaritratti, cartelletta, vaschetta per francobolli... Stabilite innanzitutto cosa realizzare e calcolate le dimensioni delle superfici da rivestire per non rischiare di rimanere senza carta proprio nel momento cruciale.
Nella scelta dei motivi, considerate l'effetto d'insieme e, se lo ritenete opportuno, ricorrete a carta coordinata in tinta unita non solo per rivestire gli interni, ma come parte integrante della decorazione.

OCCORRENTE

- corredo base
- cartoncino spesso per il sottomano e il portaposta
- cartoncino sottile per gli angoli del sottomano
- tessuto di cotone per rinforzare il portaposta
- carta marmorizzata
- carta coordinata in tinta unita
- carta assorbente
- colla vinilica
- pennello
- fogli di scorta
- pieghetta
- adesivo a presa rapida
- nastro adesivo di carta

SOTTOMANO

1 Tagliate un rettangolo di cartoncino spesso di dimensioni adeguate (questo misura 42 x 30 cm) e rivestite uno dei lati con la carta in base alla tecnica descritta a pagina 32. Potete usare indifferentemente carta decorata o in tinta unita. Rimuovete gli angoli così da ridurre lo spessore alle quattro estremità: in questo modo riuscirete a inserire più facilmente la carta assorbente.

2 Preparate gli angoli decorati: in questo caso i due lati uguali misurano 10 cm e quello maggiore 14 cm. Ricavate dal cartoncino sottile quattro triangoli delle stesse dimensioni, tutti con la vena orientata nel medesimo senso, e rivestiteli prima di tutto con la carta in tinta unita, rifilando i lati corti e lasciando un'abbondanza di 1,5 cm in corrispondenza di quello lungo.

3 Ora dovete tagliare la carta marmorizzata per rivestire i triangoli. Ricavate una sagoma corrispondente dal cartoncino sottile, prevedendo una certa abbondanza per i risvolti dei due lati uguali, e tracciate i quattro triangoli sul retro della carta.

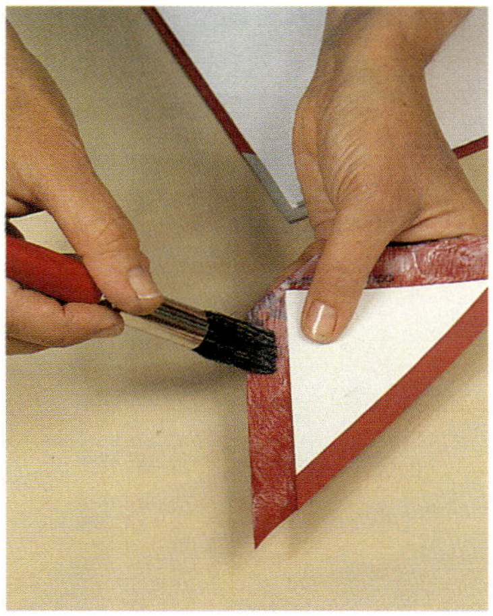

4 Ritagliate la carta marmorizzata, posizionate ogni triangolo su quello corrispondente di cartoncino e, dopo aver verificato che combacino, incollateli.

5 Lavorando sul retro, incidete i risvolti e piegateli. Quindi piegate sulla carta marmorizzata anche il risvolto in tinta unita del lato lungo e incollatelo.

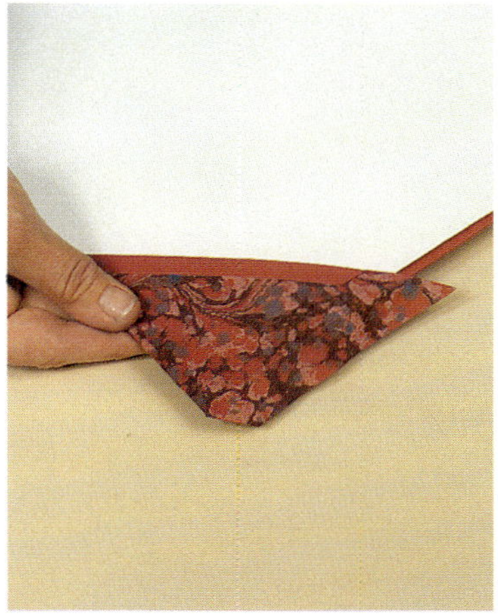

6 Collocate la carta assorbente sul cartoncino del sottomano, stendete l'adesivo sui risvolti e rivestite gli angoli con le piccole "tasche" così prodotte, esercitando una pressione decisa in modo da bloccare il tutto.

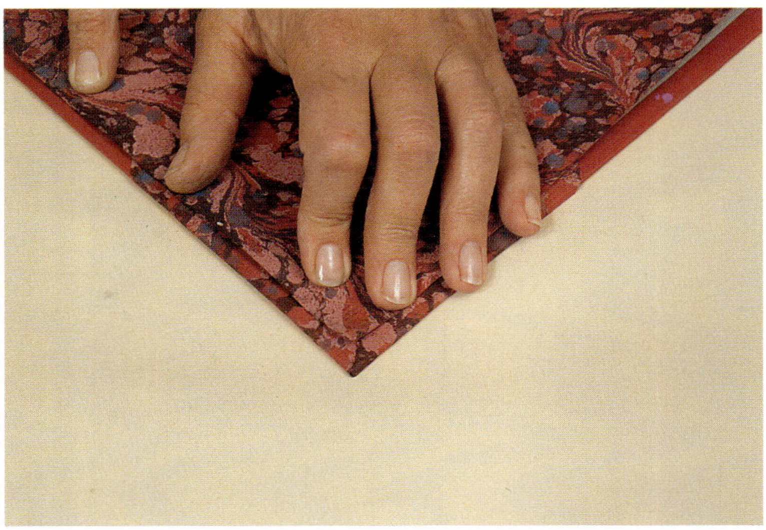

7 Infine, capovolgete il sottomano e incollate un foglio di carta di dimensioni leggermente più piccole così da rifinirlo e mascherare tutti i risvolti. Anche in questo caso, potete usare indifferentemente una carta decorata o in tinta unita.

PORTAPOSTA

1 Il portaposta è costituito da tre rettangoli di cartoncino spesso, ognuno dei quali è lungo 20 cm. La parete posteriore è alta 10 cm, quella anteriore 8 e la base è larga 6 (se preferite, potete inserire anche dei laterali, ovviamente larghi anch'essi 6 cm). Le due pareti sono incollate al fondo seguendo il metodo illustrato nelle *Tecniche di base*. In attesa che l'adesivo asciughi, bloccate i pezzi con nastro adesivo di carta.

2 Per rinforzare le giunzioni, tagliate una striscia di tessuto di cotone di circa 20 x 9 cm e incollatela alla base utilizzando la colla vinilica.

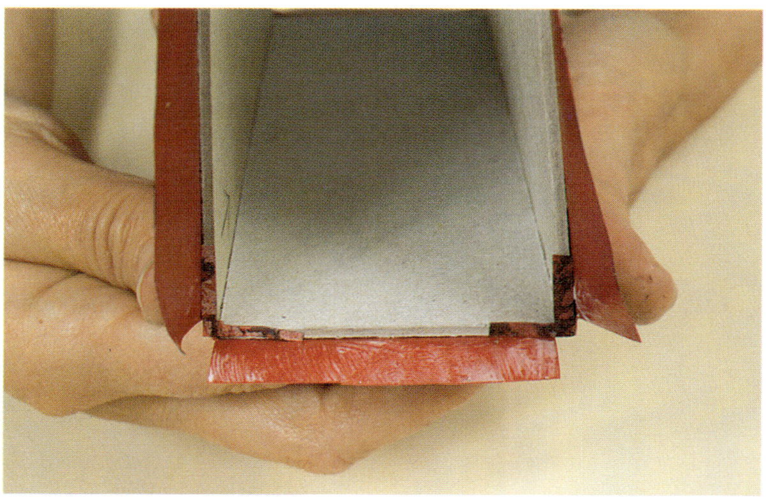

3 Ora tagliate un pezzo di carta marmorizzata e rivestite esternamente il portaposta, verificando che l'orientamento della vena corrisponda.

4 Rivestite con cura il portaposta, seguendo le indicazioni riportate nelle *Tecniche di base* (pagina 33) e riservando particolare attenzione agli angoli retti.

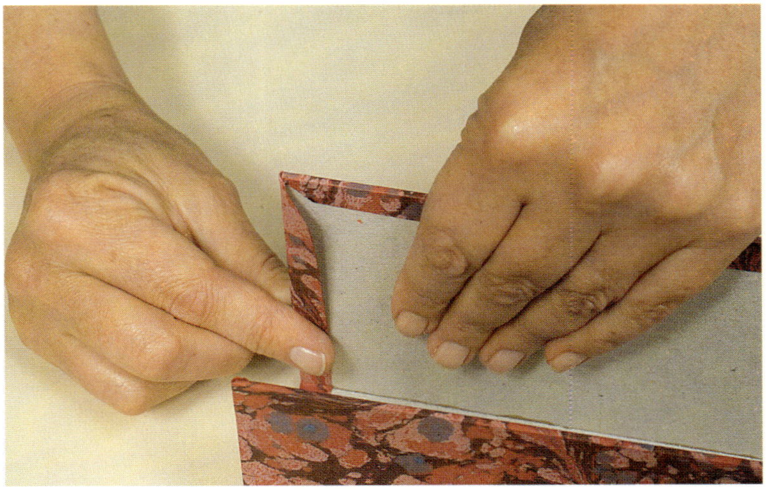

5 È arrivato il momento di rivestire l'interno con carta coordinata in tinta unita: calcolate la lunghezza necessaria prendendo le misure con una striscia di carta; la larghezza dovrà risultare inferiore di 1 cm rispetto a quella del portaposta.

6 Questa fase è molto delicata perché la libertà di manovra è piuttosto ridotta. Comunque, se la carta è stata tagliata nel modo corretto, riuscirete a guidarla facilmente lungo la parete posteriore e la base per farla poi risalire sul lato frontale. Nel tagliare la carta, tenete presente che, una volta bagnata con la colla, tende a dilatarsi.

Cartelletta con Dorso e Angoli Telati

Data la raffinatezza delle finiture, questa cartelletta è un oggetto particolarmente ricercato. Si può realizzare in vari formati (questa è stata ideata per fogli A4) e, come molti progetti illustrati in questo volume, con un'ampia gamma di carte. Invece della tradizionale versione marmorizzata, si è preferita la più insolita carta incollata (una cartelletta per fogli da disegno destinata a uno studente si potrebbe invece decorare con cliché creati dal diretto interessato). Gli angoli e il dorso sono rivestiti di tela per legatoria, un tessuto molto resistente reperibile solo nei negozi specializzati. In alternativa, una comune tela di cotone andrà benissimo. Quando la cartelletta è aperta, i fogli all'interno sono mantenuti in posizione da tre risvolti.

OCCORRENTE

• corredo base • cartoncino spesso • carta decorata per il rivestimento esterno • carta coordinata per il rivestimento interno • tela per legatoria per il dorso e gli angoli • colla vinilica • pennello • vecchie riviste e fogli di scorta • pieghetta • scalpello e martello • fettuccia per la chiusura

QUALCHE CONSIGLIO

Come sempre, la vena del cartoncino e quella della carta devono essere orientate nello stesso senso. Per realizzare un progetto come questo, che comporta diversi passaggi, è fondamentale organizzare con cura il piano di lavoro, recuperando la colla solo al momento dell'uso. Inoltre, eliminate in tempo reale gli scarti prodotti o potreste rischiare di incollarli inavvertitamente.

PREPARAZIONE

Tagliate due pezzi di cartoncino di 34 x 25 cm, preferibilmente con la vena orientata nel senso della lunghezza, verificando che gli angoli siano retti.
In corrispondenza del lato lungo di ogni cartone, tracciate una linea a 5 cm dal margine, così da delimitare il bordo del dorso di tela: la larghezza è variabile (viene considerata ottimale una misura pari a un quinto della cartelletta).
Partendo dallo spigolo di ciascun angolo esterno, delimitate due segmenti, ognuno di 7 cm, e unitene le estremità con una diagonale: la distanza tra questa e lo spigolo risulterà di 5 cm, quindi pari alla larghezza del dorso. Stabilite di quanto distanziare i due cartoncini, considerando che lo spazio fra i piatti della cartella condizionerà il numero di fogli che potrà contenere. In questo caso, la distanza è di 2 cm. Per rifinire esternamente il dorso, tagliate una striscia di tela di 12 x 37 cm, in modo da rivestire l'area corrispondente di entrambi i cartoncini (5 + 5 cm) e il canalino centrale (2 cm), con un'abbondanza di 1,5 cm in alto e in basso per i risvolti. Poi rifinite il dorso internamente: tagliate un'altra striscia di tela, larga quanto il canalino centrale (2 cm) e con un'eccedenza di 1,5 cm per lato, ma più corta dei cartoni di 1 cm: in pratica, deve misurare 5 x 33 cm.

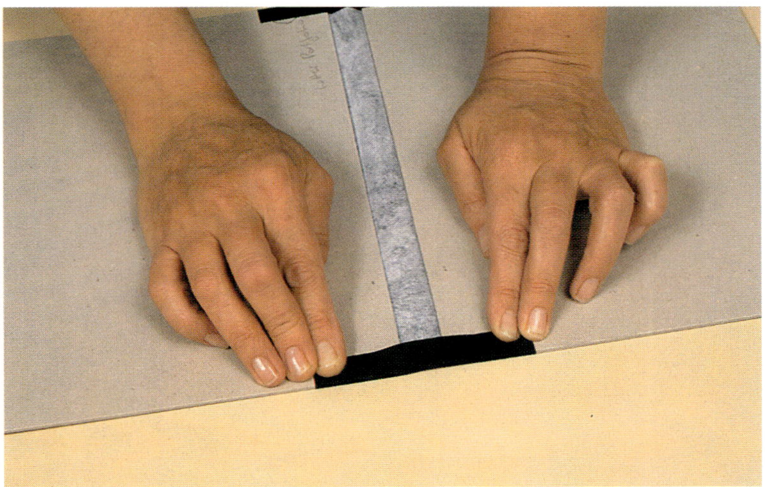

1 Stendete la tela per rifinire il dorso esternamente su una vecchia rivista e, servendovi del pennello, applicate sull'intera superficie la colla vinilica: partite dal centro e procedete verso l'esterno, coprendo con cura tutti i bordi. (La carta lucida di una rivista è preferibile a quella di un quotidiano che, essendo piuttosto assorbente, ostacolerebbe le pennellate.) Sollevate la tela e applicatela sui cartoncini in corrispondenza delle linee tracciate. Copritela con un foglio di carta pulito e favoritene l'adesione con le mani o con la pieghetta, in modo da rimuovere eventuali bolle d'aria.

2 Capovolgete la cartelletta e, applicando ulteriore adesivo se necessario, piegate i risvolti in alto e in basso: verificate che aderiscano perfettamente al canalino fra i due cartoncini.

3 Ora stendete la tela per la finitura interna, anche in questo caso su una vecchia rivista, e applicate la colla vinilica operando come al punto 1. Sollevate il tessuto e posizionatelo sul retro dei cartoncini, copritelo con un foglio di scorta pulito e favoritene l'adesione esercitando una pressione decisa in corrispondenza del canalino.

4 Per rivestire gli angoli, ricavate due quadrati di tela con lato di 10 cm, che taglierete in diagonale. Posizionate uno dei triangoli ottenuti sul cartoncino, lungo le linee tracciate in precedenza, e segnate a matita la misura dell'angolo sul retro della tela. Rifilate in diagonale l'apice del triangolo in modo da ripiegare i risvolti formando un angolo retto.

5 Stendete la colla sul triangolo e fissatelo al cartoncino. Ripiegate uno dei risvolti, facendo aderire perfettamente la tela al cartoncino con l'aiuto della pieghetta, e quindi ripiegate anche il secondo. Ripetete l'operazione sui tre angoli restanti.

6 È arrivato il momento di ritagliare dalla carta decorata i due fogli per il rivestimento esterno: questi devono misurare 37 x 21,5 cm, prevedendo l'abbondanza per i risvolti in alto e in basso e anche un piccolo margine laterale da sovrapporre al dorso. Adagiate la carta sul cartoncino tenendola ben salda, ripiegatene all'indietro gli angoli in modo che risultino leggermente sovrapposti alla tela e tagliateli. Nel rimuovere la carta, contrassegnate questa e il cartoncino relativo per riconoscerli più facilmente: infatti è praticamente impossibile produrre due piatti identici. Ripetete l'operazione sull'altro cartoncino.

7 Prima di incollare la carta, stendete ogni foglio sul cartoncino relativo indicando dei segni di registro sul retro. Poi, lavorando rapidamente per evitare che si imbarchi, applicate la colla e posizionate la carta sul cartoncino, in modo da sovrapporla leggermente al dorso e agli angoli.

8 Coprite la carta con un'altra pagina di rivista ed esercitate una pressione decisa con la mano o con la pieghetta per eliminare eventuali bolle d'aria. Quindi capovolgete la cartelletta e, stendendo ulteriore colla se necessario, ripiegate i risvolti.

9 Per applicare le fettucce di chiusura dovrete praticare un taglio passante su entrambi i piatti: l'ideale è usare uno scalpello, ma in alternativa andrà benissimo anche il taglierino. Segnate il punto esatto, a 1,5 cm dal margine, e con l'aiuto di scalpello e martello, praticate un taglio largo quanto la fettuccia.

10 Tagliate due pezzi di fettuccia lunghi 30-40 cm e introduceteli attraverso le fessure. Incollate all'interno i lembi sporgenti, proteggeteli con un pezzo di cartone e applicate qualche colpetto di martello per ridurne al minimo lo spessore. Non è da escludere che in questa fase la cartelletta risulti leggermente incurvata a causa della tensione del rivestimento esterno: è comunque un difetto che scomparirà completando il lavoro con la finitura interna. Quest'operazione si esegue in due fasi: prima si incollano i risvolti e poi si rivestono i cartoncini con un foglio di carta.

11 Tagliate due rettangoli di carta di 33 x 10 cm, con la vena orientata nel senso della lunghezza, e quattro di 24 x 10 cm, con la vena orientata nel senso opposto. Servendovi della pieghetta, incidete una linea a 1,5 cm da uno dei bordi lunghi di ogni rettangolo, in modo che, una volta piegato il risvolto, abbiano tutti una larghezza di 8,5 cm.

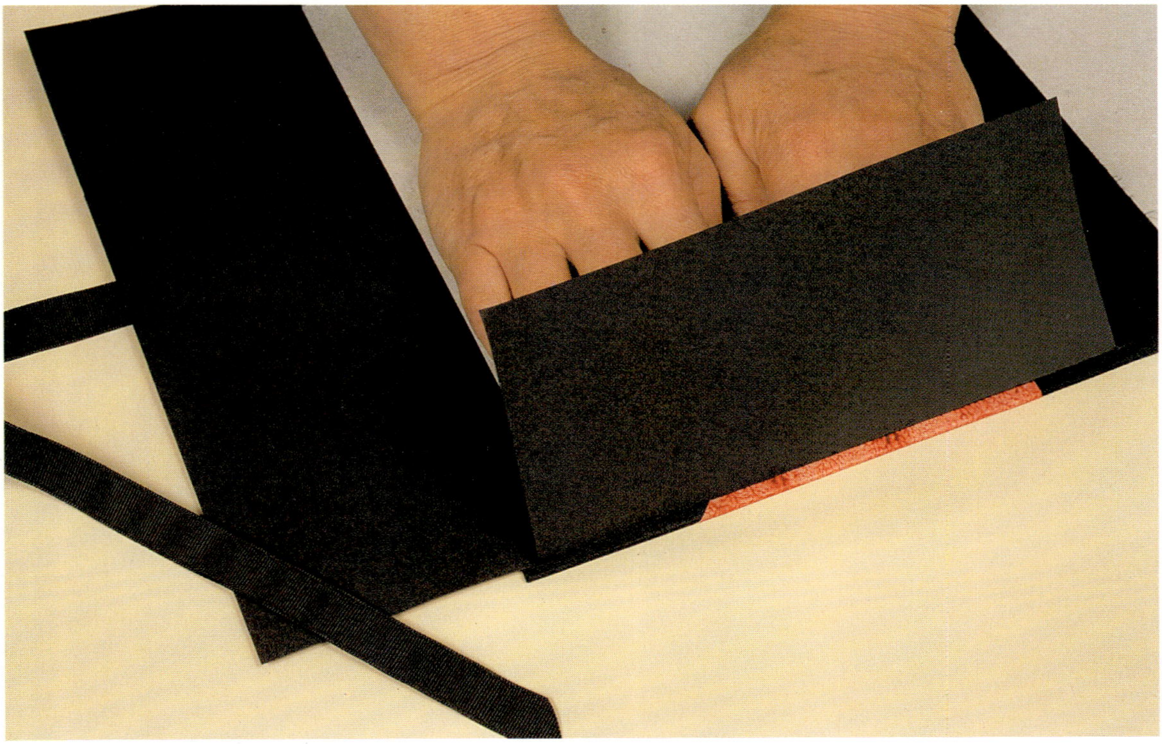

12 Piegate i risvolti dei due rettangoli più lunghi e incollateli sul bordo di ogni piatto, tenendoli arretrati di 5 mm. Quindi operate nello stesso modo con in due rettangoli restanti, posizionandoli in alto e in basso e verificando che combacino con le due alette laterali.

13 Rifinite l'interno: tagliate due fogli di carta di 33 x 24 cm così da mascherare tutti i risvolti, incollatene uno su ogni piatto e, dopo averli protetti con un foglio di carta pulito, favoritene l'adesione esercitando una pressione decisa in modo da eliminare eventuali bolle d'aria.

ALBUM PORTAFOTOGRAFIE

IL LIMITE PRINCIPALE di un album per fotografie è rappresentato spesso da una copertina anonima, a maggior ragione quando si tratta di un regalo per festeggiare una ricorrenza “speciale”. Ma allora, perché non personalizzarlo decorandone l’esterno con i colori preferiti del destinatario, oppure realizzando un cliché o uno stencil in sintonia con il soggetto delle foto?
Addirittura, molti preferiscono creare personalmente lo stesso album, benché si tratti di un progetto piuttosto laborioso: tagliano in misura i fogli interni per adattarli al formato delle foto e ne stabiliscono il numero in funzione delle immagini che dovrà ospitare. Come potrete facilmente intuire, il colore e il peso della carta e del cartoncino sono variabili determinanti per un buon risultato finale.

OCCORRENTE

- corredo base
- cartoncino spesso
- fogli interni per album
- viti per legatoria
- carta decorata per la copertina
- carta coordinata per il rivestimento interno
- tessuto di cotone
- fustellatrice
- colla vinilica
- pennello per incollare
- fogli di scorta
- pieghetta

COPERTINA

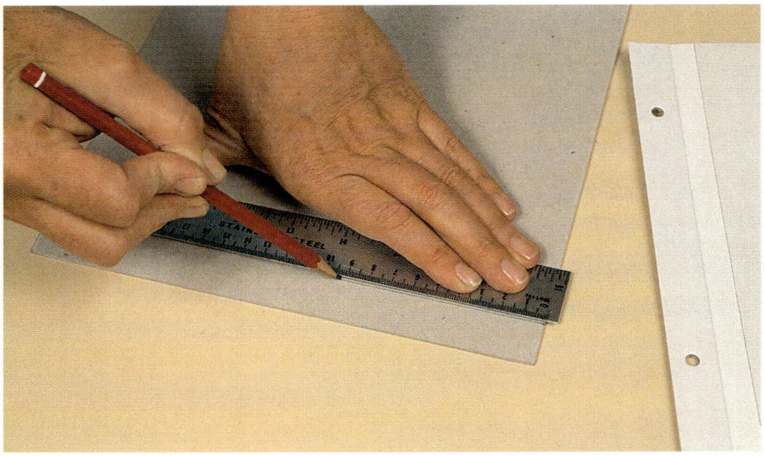

Tagliate due rettangoli di cartoncino con la vena orientata in senso verticale e con un'abbondanza di 5 mm rispetto ai fogli dell'album. Riponetene uno: vi servirà per il piatto inferiore. Usando l'altro, preparate la cerniera necessaria per aprire il piatto superiore: misurate la fascia laterale fustellata dei fogli dell'album, partendo dal bordo esterno fino a metà del canalino flessibile; riportate la misura sul cartoncino e tagliatelo di conseguenza. Poi rifilate di 5 mm la parte di dimensioni maggiori.

Tagliate due strisce di tessuto di cotone larghe 2 cm e alte quanto la copertina, da incollare sui due pezzi di cartoncino in modo da realizzare la cerniera: la sola carta sarebbe infatti troppo fragile. Stendete il cartoncino per il piatto inferiore della copertina e sovrapponetevi i due pezzi appena tagliati. Applicate l'adesivo su una delle strisce di cotone, posizionatela sul canalino ed esercitate una pressione decisa per favorirne l'adesione. Lasciate asciugare la colla e quindi capovolgete il cartoncino incollando la seconda striscia di tessuto sull'altro lato.

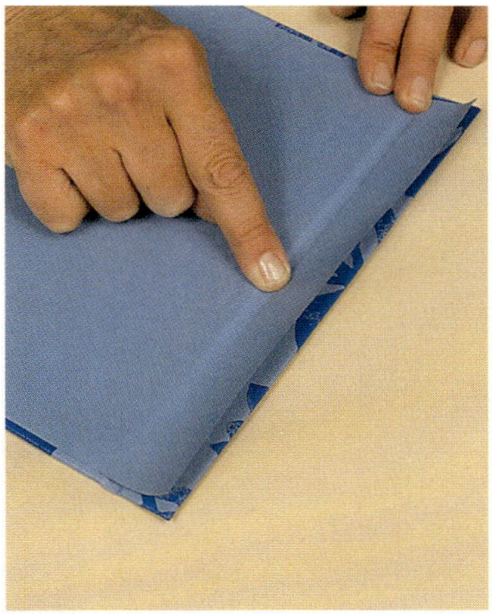

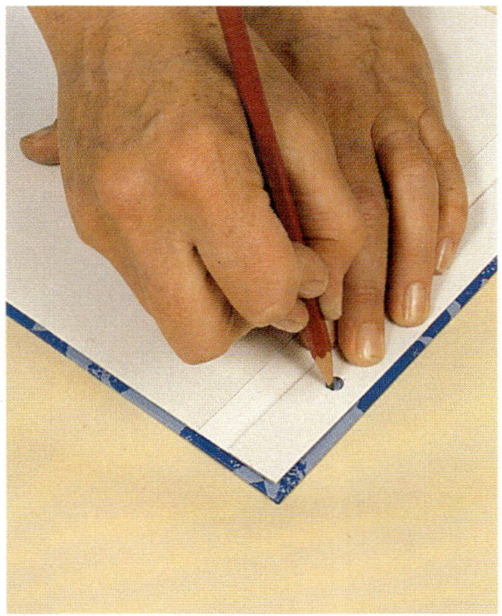

4 Usando un foglio dell'album come sagoma, riportate la posizione dei fori sul piatto inferiore della copertina (lavorando sul lato decorato) e praticateli con la fustellatrice.

3 Per rivestire i cartoncini, tagliate due rettangoli di carta decorata con un'abbondanza di 1,5 cm per lato. Ricoprite il piatto inferiore come descritto nelle *Tecniche di base*. Nel ricoprire quello superiore, dovrete operare con una certa cautela: applicate la colla sulla carta e stendetela sul cartoncino, procedendo dalla sezione maggiore verso la fascia stretta ed esercitando una pressione decisa in corrispondenza del canalino. Quando incollate i risvolti all'interno, verificate che aderiscano perfettamente alla cerniera.
Ora rivestite l'interno, tagliando due rettangoli di carta i cui lati siano più corti di 5 mm rispetto alla copertina. Stendete la colla e applicateli favorendone l'adesione alla cerniera.

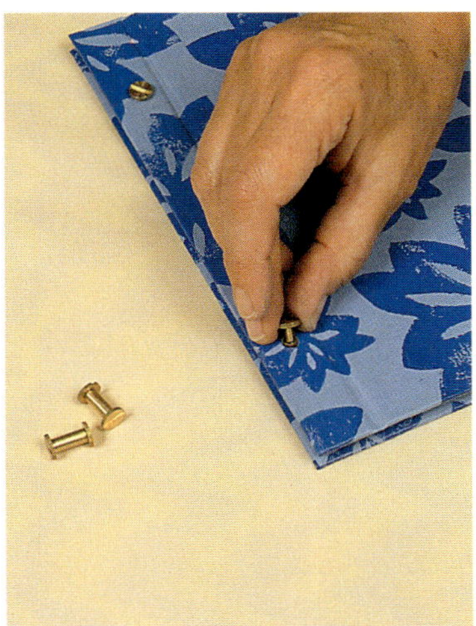

5 Sovrapponete i due piatti della copertina e, usando quello inferiore come guida, praticate due fori sulla striscia di cartoncino adiacente alla cerniera del piatto superiore.

6 Ora assemblate l'album: separate i componenti delle viti per legatoria e, lavorando sul retro, introducete la parte più lunga nei fori del piatto inferiore. Infilate le pagine dell'album e il piatto superiore e fissate con la vite di bloccaggio.

OCCORRENTE

- corredo base
- cartoncino spesso per le copertine
- carta o cartoncino leggero per gli interni dell'album
- compasso a punte fisse
- carta decorata per il rivestimento esterno
- carta coordinata per il rivestimento interno
- tela per legatoria
- viti per legatoria
- fustellatrice
- colla vinilica
- pennello
- fogli di scorta
- pieghetta

ALBUM PORTAFOTO

INFORMAZIONI UTILI

Come per gli altri progetti, stabilite prima di tutto la dimensione dell'album, selezionando preventivamente le fotografie: nel caso di formati standard, potrete disporne più d'una per pagina, mentre per formati grandi, come per esempio le foto di un matrimonio, ogni immagine occuperà un foglio d'album.

PREPARAZIONE

Ricavate dal cartoncino i fogli per l'album: tagliateli prevedendo un'abbondanza di 2,5 cm sul lato lungo per la fustella (la vena dovrà essere orientata in senso verticale).

3 Tagliate la tela che vi servirà per rivestire la cerniera e parte del piatto superiore, prevedendo un'abbondanza per i risvolti: in questo caso un quinto del piatto è ricoperto con la tela e la parte restante con carta decorata. Ora preparate i rivestimenti per l'interno: un rettangolo di tela leggermente più piccolo per la cerniera e carta in tinta per rifinire il piatto.

1 Una volta tagliate le pagine interne e i listelli, dovrete incidere i fogli in modo da girarli più facilmente: posizionando il compasso con un'apertura pari alla larghezza dei listelli, riportate la misura sui fogli, segnandone le estremità superiore e inferiore. Sistemate il righello in modo che coincida con i segni e incidete con la pieghetta.

2 Ora fustellate la cerniera di ogni foglio e stabilite quanti fori praticare: se la lunghezza dell'album è superiore a 20 cm, vi conviene prevederne tre. Segnate la posizione dei due più estremi lungo l'asse centrale della fascia da fustellare, a circa 5 cm dal margine superiore e inferiore del foglio: il terzo foro dovrà essere centrato rispetto a questi due. Dopo aver realizzato i fori corrispondenti anche sui listelli, preparate la copertina. Tagliate due pezzi di cartoncino spesso, più lunghi e più larghi di 1 cm rispetto ai fogli dell'album. Poi tagliate due strisce di cartoncino alte quanto i piatti e larghe come i listelli. Se possibile, utilizzate cartoncino più sottile di quello scelto per la copertina.

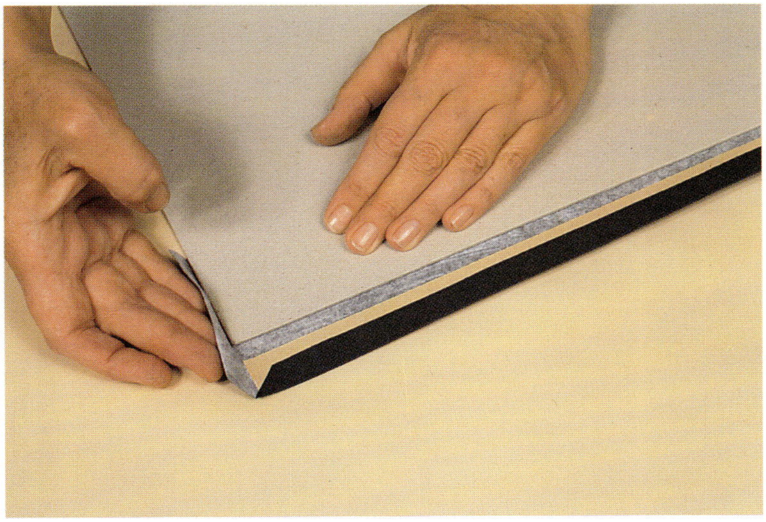

4 Preparati i vari pezzi, stendete l'adesivo sul rettangolo di tela più grande, che incollerete sul piatto superiore lasciando libera la parte equivalente alla larghezza della cerniera.

Capovolgete il piatto e appoggiate la striscia di cartoncino più leggero sulla tela, lasciando un canalino di circa 5 mm. Tagliate gli angoli dei risvolti a 45° e ripiegate come di consueto.

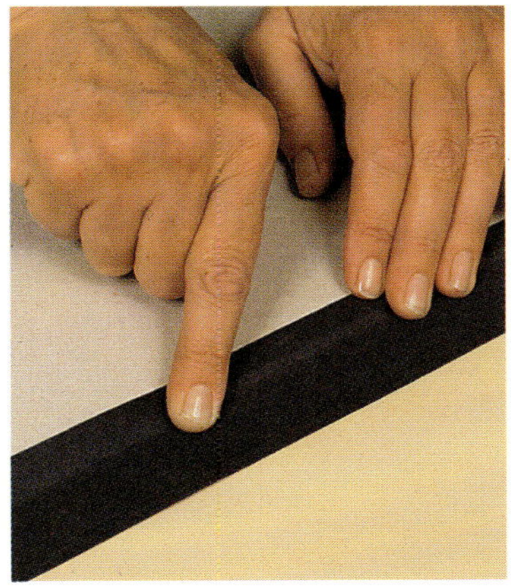

5 Stendete l'adesivo sulla tela per l'interno e incollatela. Poi rivestite il resto del piatto con la carta decorata, ripiegando i risvolti verso l'interno. Capovolgete la copertina e incollate la carta per la rifinitura interna. Quindi rivestite il piatto inferiore nello stesso modo.

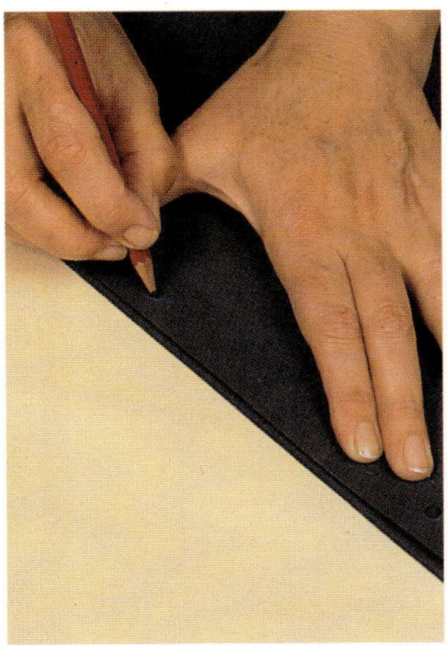

6 Riservando a questa operazione tutta la cura necessaria, praticate i fori sulla cerniera servendovi di uno dei listelli fustellati come sagoma.

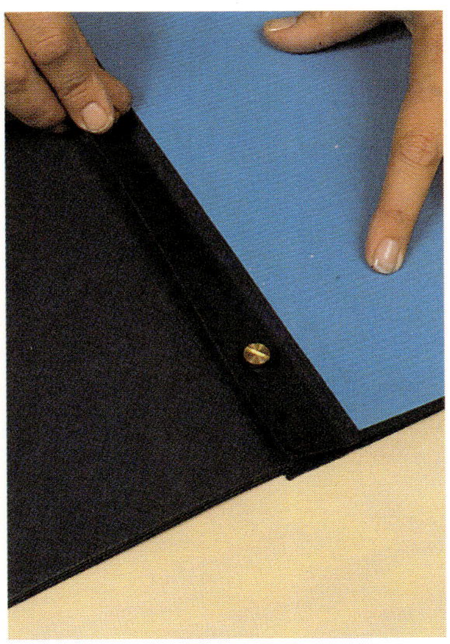

7 Collocate i due piatti fianco a fianco con la faccia interna rivolta verso di voi e, allineando i fori, assemblate i fogli, intercalandoli con i listelli.

8 Bloccate il tutto con le viti per legatoria e godetevi il nuovo album!

INDICE